辨了不了义善说藏论

宗喀巴 著

法尊 译

青海人民出版社

图书在版编目(CIP)数据

辨了不了义善说藏论 / 宗喀巴著；法尊译. -- 西宁：青海人民出版社，2014.5（2024.12 重印）
ISBN 978-7-225-04725-6

Ⅰ. ①辨… Ⅱ. ①宗… ②法… Ⅲ. ①喇嘛宗—研究
①B946.6

中国版本图书馆 CIP 数据核字（2014）第 086853 号

辨了不了义善说藏论

宗喀巴 著

法 尊 译

出 版 人 樊原成
出版发行 青海人民出版社有限责任公司
西宁市五四西路 71 号 邮政编码:810023 电话:(0971)6143426(总编室)
发行热线 (0971)6143516/6137730
网 址 http://www.qhrmcbs.com
印 刷 青海西宁西盛印务有限责任公司
经 销 新华书店
开 本 720mm×1010mm 1/16
印 张 9
字 数 90 千
版 次 2014 年 5 月第 1 版 2024 年 12 月第 5 次印刷
书 号 ISBN 978-7-225-04725-6
定 价 34.00 元

目次

辨了不了义善说藏论

【科判】

甲初　依止《解深密经》

乙初　列经所说

丙初　问经离相违

丙二　答离相违

丁初　释无自性所有密意

戊初　略标

戊二　广释

戊三　显喻

丁二　释无生等所有密意

丙三　明三自性体

丙四　白彼结成义

丁初　引经

丁二　略释经义

戊初　略释经文义

戊二　略释了不了义

乙二　解释经义

丙初　无著论师正依《解深密经》

丙二　依于此经抉择真实

丁初　总明离二边

戊初　《菩萨地》所说

己初　见为增益损减

己二　破彼二见

戊二　《摄抉择分》所说

己初　叙述敌宗问答彼义

己二　破其所答

庚初　显他宗相违

庚二　明自宗无违

戊三　余论所说

己初　《庄严经论》所说

己二　《辨中边论》所说

丁二　别破增益边

戊初　明所破增益

戊二　如何破彼之理

己初　正破

己二　断诤

丁三　由此分辨诸经了不了义

甲二　依止《无尽慧经》

乙初　标经所说

乙二　解释经义

辨了不了义善说藏论　卷壹

敬礼师长妙音

乐生乘云及金胎　无身主同绳腹等
宣唱骄音于三有　傲慢威严诸天众
尚由略瞻如来身　犹如日光映萤火
妙冠敬依足下莲　我礼能仁天中天
智悲藏底难测度　菩提行浪极涌漾
善说宝藏妙音尊　及绍圣海我敬礼
善开佛语二车轨　故令如来最胜教
如日光显遍三地　敬礼龙猛无著足
受持二种大车轨　启赡部洲智慧眼
圣天勇师及佛护　清辨论师月称足
世亲安慧与陈那　法称师等赡部严
持佛教幢不隐没　诸智者王皆敬礼
颇有多闻诸教法　于正理路亦勤习
内证功德不下劣　然终未达此深处
由师妙音恩善见　以悲愍心我当说
欲证诸法真实慧　无比说者当敬听

《护国问经》云："空性寂静无生理，众生未解故漂没，悲尊以多百方便，及百正理令彼悟。"谓诸法真如，极难通达，若不通达，难脱生死。由见此故，大悲大师，以多方便及多理门，令彼解悟。故诸智者，应当励求了解真实之方便。此复要辨佛经了不了义。辨彼二义非惟经说此是了义，此非了义，便能辨别。若不尔者，诸大论师造论分辨了不了义，皆无义故。经中安立了不了义之理多不同故。又如经说此是此者，惟依彼语不能安立决定应尔。总既不定，别于了不了义，惟经说云此是此者，亦不能成立故。故佛授记，能辨佛语了不了义，诸大论师解释了不了义。又了义经义，若作余解所有违难，不作余解义定惟尔所有能立，皆善抉择，当随彼论而求密意。故究竟者，须以无垢正理而辨。若宗违理，其师不堪为定量故。诸法真实须有证成正理而成立故。由见此故，经云："苾刍或智者，当善观我语，如练截磨金，信受非惟敬。"

如是辨了不了义分二

甲初　依止《解深密经》

甲二　依止《无尽慧经》

初中又二

乙初　列经所说

乙二　解释经义

初又分四

丙初　问经离相违

丙二　答离相违

丙三　明三自性体

丙四　白彼结成义

今初

《解深密经》云："世尊以无量门，曾说诸蕴所有自相、生相、灭相、永断、遍知。如说诸蕴、诸处、缘起、诸食亦尔。"如是又说："曾说诸谛所有自相、遍知、永断、作证、修习。曾说诸界所有自相、种种界性、非一界性、永断、遍知。以无量门曾说三十七菩提分、所有自相、能治、所治，及以修习、未生令生、生已坚住不忘、倍修增长广大。世尊复说一切诸法皆无自性、无生无灭、本来寂静、自性涅槃。未审世尊依何密意作如是说一切诸法皆无自性、无生无灭、本来寂静、自性涅槃？我今请问如来斯义，惟愿如来哀愍解释说一切法皆无自性、无生无灭、本来寂静、自性涅槃所有密意。"

此文显示，有诸经中说一切法无自性等，亦有经中说诸蕴等、有自相等，文似有违，实须无违，故问依何密意说无性等。即由此文义亦请问依何密意说有自相等。此中自相，《支那大疏》等说是别相，不应道理。经于遍计所执时显然说为自相安立故。遍计所执亦有别相应不可说遍计执是相无自性故。种种界性非一界性，疏中虽作他解，然依下文，是十八界及以六界。不忘，即不失念。

丙二　答离相违分二

丁初　释无自性所有密意

丁二　释无生等所有密意

初又分三

戊初　略标

戊二　广释

戊三　显喻

今初

《解深密经》云："胜义生，当知我依三种无自性性，密意说言一切诸法皆无自性，所谓相无自性性、生无自性性、胜义无自性性。"谓依三种无自性说无自性。

《摄抉择分》云："问：'世尊依何密意说一切法皆无自性？'答：'由依彼彼所化势力故说三种无自性性。'"《唯识三十颂》云："即依此三性，立彼三无性，故佛密意说一切法无性。"

有人释云："《般若经》等说一切法皆无自性者，意说一切世俗谛法，非说胜义。"此违《解深密经》及无著兄弟诸论，亦出龙猛父子等宗。以问依何密意说无自性者，是双问，依何密意说无自性及无自性之理。答亦次第答彼二义。释初义时，谓色乃至一切种智，无量无边诸法差别，说彼一切无自性者，摄为三种无自性中。由宣说彼无自性，理易于了解故，总摄为三无自性。彼三亦摄胜义世俗一切法故。必当如是解者，以《般若经》等于五蕴、十八界、十二处，一切诸法，一一皆说无事、无性、无体，尤说空性、法界、真如等胜义，一切异门皆无自性。如是诸经宣说诸法无自性之法中，说无胜义，谁有心者，能作彼说。

戊二　广释

若凡所说无自性诸法，皆三无自性摄，何等为三？无自性理复如何耶？释初无自性，《解深密经》云："云何诸法相无自性性？谓诸法遍计所执相。何以故？此由假名安立为相，非由自相安立为相，是故说名相无自性性。"

此初二句问答，遍计所执即相无自性，何以故？征其因相。《答所遮品》谓非由自相安立；《能成立品》谓由假名安立。如此经文如是分段，下二相时亦当了知。遍计执上所无之相自性者，谓由自相成立或安立。此中所说有、无自相，是以观、不观待名言安立而分。然名言安立亦非定有，安立之理与中观应成派师凡有皆是名言安立之理极不相同，其有、无自相之义亦不相同。然有此宗之有自相执，定有应成派宗有自相执。或于少事不如前执，而有后执。

释第二无自性，《解深密经》云："云何诸法生无自性性？谓诸法依他起相。何以故？此由依他缘力故、有非自然有，是故说名生无自性性。"

依他起上所无之生性，或自性生者，谓非自然即自然生、亦即自生。如《摄抉择分》云："诸行皆是缘起性故，由缘力生，非是自生故，名生无自性性。"此宗是于依他起上、由无如上自性生之自性故，说为无性，非由无自相安立，说为无性。

释第三无自性，有二道理。初立依他起为胜义无自性，《解深密经》云："云何诸法胜义无自性性？谓诸缘生法，彼由生无自性性故，说名无自性，即由胜义无自性性故，亦名无自性。何以故？胜义生于诸法中，若是清净所缘境界，我显示彼以为胜义。依他起相，非是清净所缘境界，是故亦说，名为胜义无自性性。"

谓依他起由无胜义自性故，说名胜义无自性。若缘何法修习，能尽诸障，即为胜义。缘依他起修习，非能清净诸障碍故。

若尔！何不安立遍计所执亦名胜义无自性？答：若惟由非清净所缘境界而安立者，实有彼难。然为破除邪分别故，依他非是清净所缘，立为胜义无自性，不立遍计所执。所以者何？谓缘依他起上，遍计执空，数数修习，能净诸障，如是亦缘有法依他，疑彼亦是清净所缘，故是胜义。遍计执上无彼疑故，无彼疑过。譬如定解声是无常，能遣计声常执，然惟缘声则不能遣常执，而无相违依他起相于清净所缘为胜义之胜义理中，虽不成立，然于所余胜义理中成不成者，下当广说。

立第二胜义无自性理，《解深密经》云："复有诸法圆成实相，亦名胜义无自性性。何以故？胜义生！若是诸法法无我性，说名诸法无自性性，即是胜义。言胜义者，谓一切法无自性性之所显故。由是因缘，说为胜义无自性性。"

此说诸法法无我性圆成实相，由是清净所缘境界，故是胜义。由是诸法无我自性之所显示，所安立故，亦名诸法无自性性，故名胜义无自性性。

又《解深密经》云："若胜义谛相与诸行相一向异者，应非诸行惟无我性，惟无自性之所显现，是胜义相。"又譬喻时，惟于无色立为虚空，说亦如是安立无我。以于有为有法，断除法我，无戏论之灭，即安立为法无我性圆成实相，极显然故。

若许此经说真实义是为了义，而不安立惟破所破，即是不变圆成实性，反说不待破除所破，惟于心现自然成就，实为相违。

此宗圆成实，惟由破除诸法我性，说名诸法胜义无自性。非所破自性，由无自相而说为无自性。

戊三　显喻

三无自性喻如何等？《解深密经》云："譬如空华，相无自性性，当知亦尔。胜义生！譬如幻像，生无自性性，当知亦尔，一分胜义无自性性，当知亦尔。胜义生！譬如虚空，惟是众色无性所显，遍一切处，一分胜义无自性性，当知亦尔，法无我性之所显故，遍一切故。"

遍计所执如空华者，是喻惟由分别假立，非于所知喻其全无。依他如幻，至下当说。圆成实喻，文中自显。

经说皆无自性，其无自性之理，当如是解。若不尔者，说三自性皆由无其自相安立名无自性，是于宣说无自性经，如言执义。若如是者，获得无见、或断灭见，俱谤三性，成无相见故。若依他起无自相者，应无生灭，故谤依他起。若圆成实无自相者，应非诸法本性。

若谓纵许无自相见谤余二性，云何亦谤遍计执耶？若余二自性无自相者，应无彼二。若尔，则无遍计所执所遍计事、能遍计名，遍计所执全非有故。《解深密经》云："于我甚深密意言说，不能如实了解，于如是法虽生信解，然于其义，随言执著，谓一切法决定皆无自性，一切诸法，决定不生，决定不灭，决定本来寂静，决定自性涅槃。由是因缘，于一切法获得无见，及无相见，由得无见无相见故，拨一切法皆是无相，诽拨诸法遍计所执相，诽拨诸法依他起相，圆成实相。何以故？胜义生！由有依他起相及圆成实相故，遍计执相方可施设。若于依他起相及圆成实相见为无相，彼亦诽拨遍计所执相，是故说彼诽拨三相。"

于义随言执著之言者，谓说无自性经说一切法于胜义中皆自性空，及自体空，自相空等。若于彼等如说而取，此宗说为如言执著。

于依他起及圆成实相见为无相者，是见彼二非由自相之所安立。何以故？以下显示诽拨三自性之理。若如经说无自相生灭而执为实，亦是诽拨依他起，故应当了知亦拨余二。以若生灭，非由自相之所安立，此宗则谓生灭全无。

丁二 释无生等所有密意

如是已说无自性理，说无生等密意云何？谓依初后二无自性，密意而说。依初密意，《解深密经》云："当知我依相无自性性，密意说言一切诸法无生无灭、本来寂静、自性涅槃。何以故？胜义生！若法自相都无所有，则无有生；若无有生，则无有灭；若无生无灭，则本来寂静；若本来寂静，则自性涅槃；若自性涅槃，则无少分更可令其般涅槃故。"此说遍计所执，无生灭之理，谓无自相所安立故。若有生灭，则必由自相安立，故亦显示依他起性有由自相安立生灭。离生灭者，定是无为非烦恼法。是故说为本来寂静，自性涅槃。诸忧恼者，此中是说诸烦恼故（出忧恼，即藏文之涅槃义也）。依后密意，《解深密经》云："我亦依于法无我性所显胜义无自性性，密意说言，一切诸法无生无灭、本来寂静、自性涅槃。何以故？法无我性所显胜义无自性性、于常常时、于恒恒时、诸法法性安住无为，一切杂染不相应故。于常常时、于恒恒时，法性安住，故无为，由无为故，无生无灭。一切杂染不相应故，本来寂静、自性涅槃。"《支那大疏》释"常常时""谓前前时"释"恒恒时"谓"后后时"。

若尔，此中无自性意，通指三事，无生等义，不取中间无自性事。《集论》则云："于遍计所执自性，由相无性故；于依他起自性，由生无性故；于圆成实自性，由胜义无性故。又于彼说言一切诸法无生、无灭、本来寂静、自性涅槃，依何密意说。如无自性，无生亦尔；如无生，无灭亦尔；如无生无灭，本来寂静亦尔；如本来寂静，自性涅槃亦尔。”总依三相说无生等，其义云何耶？《支那大疏》说：“经中不说依他起生无自性为密意者，是显非无缘生义故。《集论》说者，是依无自然生，及无因生故。”然经中义谓依他起有自相生灭，故说无生灭不取依他起。又依他起，多是杂染所摄，故亦不作后二句意趣（本来寂静、自性涅槃二句）。《集论》意趣，谓依三自性各各所无自性，如其无自性，如是则无生、无灭、本来寂静、自性涅槃。

丙三　明三自性体

若遍计执是相无自性，云何遍计执性？《解深密经》云：“若于分别所行遍计所执相所依行相中，假名安立以为色蕴，或自性相，或差别相。假名安立为色蕴生、为色蕴灭，及为色蕴永断、遍知，或自性相、或差别相，是名遍计所执相。”

此初三句，显示施设遍计所执所依。以下显示遍计之理。若云：此是色蕴，是为假立自性，若云色蕴生等是为假立差别，下当详释。

若依他起是生无自性，云何依他起性？《解深密经》云：“若即分别所行，遍计所执相所依行相，是名依他起相。”

初句明谁境，二句明施设遍计执所依，三句明自体。

若圆成实是胜义无自性，云何圆成实性？《解深密经》云：“若即于此分别所行遍计所执相所依行相中，由遍计所执相不成实故，即此自性无自性性，法无我真如清净所缘，是名圆成实相。”

言法等者，谓法无我真如，缘彼修习，清净诸障，即圆成实相。何为法无我？谓无自性性。后言性者，义为即也。无何自性耶？谓“即此自性”，是明前说遍计所执自性。言即此者，遮遣余性。义谓非无余二自性之性，惟无遍计所执自性，是圆成实。前云“若即于此”者，谓从分别乃至行相中，显依他起是空所依。言“遍计所执相不成实”者，谓遍计所执空即圆成实，极为明显。故许此经所说空义，是真了义。又许后自性由前二自性空，是圆成实，亦成相违。

又空之相，非遣余法，犹如地上空无有瓶。是依他起空无遍计执性，如补特伽罗，空无实法。是故经云：“由遍计所执相不成实故。”又此所空遍计所执，此经两处明遍计所执，惟说假立自性差别，未说其余遍计所执，其理后释。

如于色蕴，如是于余四蕴、十二处、十二缘起、四食、六界、十八界，一一法中，皆应广说三相。于苦谛中，施设所依如前。假名安立以为苦谛，苦谛遍知，或自性相，或差别相，是遍计所执。依他起相同前。圆成实亦同前说，即此自性无自性性。如是于余谛，皆应广说。七类菩提分法，亦应广说。施设所依如前，假名安立以为正定，及为正定能治所治等，如前广说。或自性相，或差别相，是遍计所执。所余二相如苦谛说。

此是胜义生启白大师，谓我领解如前所问，从色蕴乃至道支，于彼一一，皆立三相，如来于彼密意宣说三无自性。

丙四　白彼结成义分二

丁初　引经

丁二　略释经义

今初

如是经中，有说诸法皆有自相，有说诸法皆无自相，有善分别有无自相成三类经。此三合为善分未分有无自性，二类所摄。善分别者，其义不可更作余解，故是了义。未分别者，义须更解，故非了义。此复有二：故二类经是不了义，一是了义。由前所说自当了知，即此内容之义，依时次第配三法轮了不了义。如《解深密经》胜义生白佛云："世尊初于一时，在婆罗痆斯仙人堕处，施鹿林中，惟为发趣声闻乘者，以四谛相转正法轮，虽是甚奇甚为希有，一切世间诸天人等先无有能如法转者。世尊彼时所转法轮，有上、有容，是未了义，是诸诤论安足处所。世尊在昔第二时中，惟为发趣修大乘者，依一切法皆无自性、无生、无灭、本来寂静、自性涅槃，以空性相转正法轮，虽更甚奇甚为希有。世尊彼时所转法轮，亦是有上，有所容受，犹未了义是诸诤论安足处所。世尊今于第三时中，普为发趣一切乘者，依一切法皆无自性、无生、无灭、本来寂静、自性涅槃，以善辨相转正法轮，第一甚奇最为希有。世尊于今所转法轮，无上、无容，是真了义，非诸诤论安足处所。"

丁二 略释经义分二

戊初 略释经文义

戊二 略释了不了义

今初

初转法轮中，初句显处所，次句显所化机。从“以四谛”至“如法转”者，显示法轮自性。言“四谛相”者，显所诠法。“甚奇”等，是赞叹。“彼时”等，显非了义。言“有上”者，谓过此上尚有胜教。“有容”者，谓除此外有容胜教，有容他破。未说空性而说实有，是“未了义”。“有诤论”者，谓声闻人诤论依处，是圆测释。然经文义，初句有上者，谓过此上有真了义。第二句文，谓于此义如言执著，容有敌者攻难过失。《支那疏》中，译为“有难”其义亦尔。第三句文，谓此中义须作余解。第四句义，谓未显了分辨其义，故于其义可兴异诤。第二法轮中，从”依一切法至“涅槃”者，显所诠法。“惟为”等，显化所机。“以空性相”，有疏为说法无我。《支那大疏》谓“以隐密相”，义即秘密，彼释较善。义谓后二法轮所诠，同依无自性说，惟宣说相别。第二法轮未如前辨自性有无，故名隐密相。后则分辨，故名显了。圆测三藏惟说观待第三为有上等。天竺真谛论师虽有异解，未见善哉，故兹不录。自宗如前。

第三法轮中，所诠，与第二同。所化，谓为发趣一切乘者。前二法轮别为大小乘机，此通二机。善分辨者，如前所说，于色等一一法皆立三相及于彼等明三无性。言于今所转法轮，加近词者，指无间所说善辨法轮《解深密经》及余如是善辨诸经。虽是三时所说诸经，若未如是分别自性有无之理，亦非所指。言无上者，显此法轮之殊胜、最上希有、更无过胜，故名“无上”。无容后胜，无容后破，故名“无容”。俱显有无，故是“了义”。非诸诤论所依之处。是圆测释。除无容初义，余同余前释有上等反面之义。前二类经，如言执义容有过难，此中无者，是因如所言义，须否更作他解也！有诤、无诤，谓如经说有无自性义，如其抉择为是为非，智者观察无可诤处，非说全无余人诤论。

戊二　略释了不了义

《支那大疏》说初法轮名四谛法轮、第二名无相法轮、第三名胜义决定法轮。若顺经文，第三应名善辨法轮。

此经所立了不了义者，谓以善辨未辨，立为了不了义之所依。即总说诸法皆有自相、与总说无相及善辨有无之三经。由前问经离相违过及其答文，并一一法立三自相，于彼密意说三无性。又依彼等结白前后三转法轮了不了义，最为明显。故是显示于第一时依四谛相初转法轮说有自相等是不了义，非尽显示凡初时说一切经典。譬如初时在婆罗痆斯，为五苾刍说诸学处，谓当圆整著裙等，此中无须更断疑故。如是第二亦惟指说无自性等。虽是第二时说，若未依于无自性等亦无问经离相违时之疑，故于此中不须明彼为不了义。说第三法轮为了义者，是指如前说善分辨者，非指一切，即此经中亦极显然。譬如临涅槃时，所说随顺清净略毗奈耶，非此经说彼为了义故。此经为成何义而辨法轮了不了义耶？谓对所化机，为欲遮遣于未辨诸法一向宣说皆有自相、及无自相，如言执著，及为显示遍计所执是无自相，余二自性是有自相，及依他起上遍计所执空之空性，是道所缘究竟胜义。故说初二法轮，是不了义，后是了义。

是故有师，依止此经成立第三时所说一切经皆是了义。佛为引摄执我外道所说数经，许为如实。惟除法性，余一切法皆是错乱觉慧假立，无少自性，惟法性真实。分辨如此真不真实，许是前说善辨之义。有余师说，若如此经所辨了不了义，则如前家说，故破此了不了义之理，谓非如实言。

如是两家，皆未详观此经，问经离相违过及佛答释，并依彼而立了不了义，惟于分辨了不了义时，妄兴诤端。

乙二　解释经义分二

丙初　无著论师正依《解深密经》

丙二　依于此经抉择真实

今初

《摄抉择分》云："胜义具足五相，如《解深密经》应当了知"，引《解深密经·胜义谛品》。"诸法相者，如《解深密经》应当了知”，引宣说三相之《法相品》。“诸法无自性相，如《解深密经》应当了知”。引《无自性品》，问经离相违过及了不了义等。如是说有八识身及究竟种性决定等，皆引《解深密经》所说。《菩萨地·真实义品》及彼《摄抉择分》、《摄大乘论》皆引《解深密经》，说依他起上假立自性差别遍计执空为圆成实义，以多异门而广抉择。《庄严经论》、《辨中边论》等所说真实义，及诸释论中所说要义，皆与此经义极符顺，故于此宗，抉择此经之义，最为根本。

丙二 依于此经抉择真实分三

丁初 总明离二边

丁二 别破增益边

丁三 由此分辨诸经了不了义

初又分三

戊初 《菩萨地》所说

戊二 《摄抉择分》所说

戊三 余论所说

初又分二

己初 见为增益损减

己二 破彼二见

今初

《菩萨地》云：“云何而有？谓离增益实无妄执，及离损减，实有妄执，如是而有。”谓离增益损减而有。所言增益损减云何？此二亦如《菩萨地》云：“于色等法，于色等事、谓有假说自性自相，于实无事起增益执。”此说增益相。“于假说相处、于假说相依、离言自性，谓一切种皆无所有，于胜义有真实有事，起损减执。当知此二于佛所说法毗奈耶俱为失坏。”此前半段明损减执。当知以下，显示失坏大乘深法。于“色”乃至“事”者，明遍计所执处。“假说自性”者，是指由言说假立之自性，非指能立之言说，《摄抉择分》等极为明显，《菩萨地》中余处之文，皆如是知。若于假说自性自相非实有上、执有彼自相者，是增益执。“假说相依”者，是释假说相处，谓遍计所执假施设处。于“胜义有”“离言自性”执“一切种皆无所有”者是损减执。由是因缘，若谓遍计所执胜义有者，是增益执。若谓余二自性非胜义有者，是损减执。以初是世俗有，后二是胜义有故。如于胜义有拨为无者，说名损减，则于胜义无执为有者，应名增益。此处仅于遍计所执执有自相、说为增益，虽未明说执彼自相为胜义有然自相有即胜义有是此论义。故于此宗，若遍计执胜义有者，即增益执。又《解深密经》说依他起，是遍计所执所依行相，自性差别假施设处。故此论说于假说相处胜义实有拨为皆无。虽是正说依他起相，然彼若非胜义实有，则圆成实亦胜义无，故俱说二相无有过失。《菩萨地》云：“若于色等诸法起损减执，即无真实，亦无虚妄，如是二种皆不应理。”于依他起事起损减执者，非惟说云名言中无，或总云无，是如上说于胜义有拨云全无。

己二　破彼二见

增益损减若如是者，破彼二见其理云何？其增益边，谓随于何法增益自性及彼差别，即明彼法胜义空理，便能破除，如下详释。损减之义，《菩萨地》文如上所引，后又破云："譬如要有色等诸蕴，方有假立补特伽罗，非无实事而有假立补特伽罗。如是要有色等诸法实有惟事，方可得有色等诸法假说所表，非无惟事而有色等假说所表。若惟有假无有实事，既无依处假亦应无。"此中所破损减敌者，非余外道，亦非自教诸声闻部，彼等不许假名依处色等实事无自相故。故如《摄抉择分》说是大乘宗。彼说诸法皆无自相，故是宣说无性诸师。彼等非许依他起等诸法，一切总无及名言无，是说非胜义有。故若破云"无惟事"者，是如前说，于胜义有真实有事破谓非有。以此宗意，虽遍计执无有自相及胜义无，不须断无，然余二性，若胜义无，或无自相，则成断无。又此宗想，依他起性心心所法依自因缘而生者若是自相生，即胜义生。此若无者，则惟妄心假计而生，心心所事生全非有。故若答云："依他起性所有生灭，惟就错觉执为生灭，故其生灭于世俗有，不成损减。"不能释难。犹如说云，就错执绳为蛇之心，绳可是蛇，然绳非蛇。依他起之因果，惟就错执有因果心是为因果，然依他起自无因果。若如是许，则不能安立从善恶业生苦乐果，故不能离损减执过。若谓非许如是因果，则许因果是有自相，故胜义有义善成立。由依此想故说若无假所依处，假亦非有，何有一切诸法惟假，及惟此是真实耶？故是最极断无见者。《菩萨地》云："如有一类补特伽罗，闻说难解大乘相应、空性相应、密意趣义甚深经典，不能如实解所说义，起不如理虚妄分别，由不巧便所引寻思，起如是见，立如是论，一切惟假是为真实，若作是观，是为正观。彼于虚妄所安处所实有惟事，拨为非有，是则一切虚妄皆无，何当得有一切惟假是为真实。由此道理，彼于真实及以虚妄，二种俱谤都无所有，由谤真实及虚妄故，当知是名最极无者。"《菩萨地》又说："世尊依彼密意说言，宁如一类起我见者，不如一类恶取空者，前者惟于所知迷惑，然不诽谤一切所知，不由此缘生奈落迦，于他求法不为虚诳，于诸学处不生慢缓，后者与此相违。"由是因缘，《菩萨地》又说："于此无彼，由彼为空，余实是有，如是知者名为无倒悟入空性。谓于如前色等诸事，由其假说自性皆空，是前句义。余实是有者，谓假所依惟事及惟假有。"由何故空？谓遍计执。空所依事，谓依他起。由前空后所显空性，即圆成实。此等有无之义，如前已说。

如是远离增益执故，即离有边，离损减故，即离无边，故亦即是显示无二。如是空性即是究竟胜义。《菩萨地》云："先所说有，今说非有，有及非有二俱远离，法相所摄真实性事，是名无二。由无二故，说名中道远离二边，亦名无上。"

戊二　《摄抉择分》所说分二

己初　叙述敌宗问答彼义

己二　破其所答

今初

《摄抉择分》云："于大乘中，或有一类恶取空故作如是言，由世俗故一切皆有，由胜义故一切皆无。"此述诸中观师，分辨诸法"有""无"差别，谓一切法于胜义无，于名言有。次云："应告彼言，长老！何者胜义？何者世俗？如是问已，彼若答言，若一切法皆无自性，是名胜义。若于诸法无自性中，自性可得是名世俗。何以故？无所有中建立世俗假设名言而起说故。"此问何为二谛，其答即是敌者。此问何为胜义者？是问胜义谛所相事，非问言胜义无，于何胜义中无，无处胜义。若不尔者，答云诸法皆无自性，是名胜义，不应道理。以中观师于法无我胜义中有，而不立为胜义有故。问何为世俗者，是问世俗谛，由于何世俗前立为谛实，非问言名言有，有处之名言。若不尔者？答云，于无自性中执有自性是名世俗，不应道理。以彼是实执其所执境，虽于名言，中观论师亦说为无故。以言无自性时，所无之自性，是谛实性故。

己二　破其所答分二

庚初　显他宗相违

庚二　明自宗无违

今初

先破所明世俗。《摄抉择分》云："应告彼曰，汝何所欲，自性可得为从名言世俗因生，为惟名言世俗说有？若从名言世俗因生，即从名言世俗因生，而云非有，不应道理。若惟名言世俗说有，无依处故，而有名言世俗，不应道理。"

此中义者，谓于胜义无自性中执有自性之世俗，即内名言。尔时为由前念同类因生耶？抑惟由世俗名言分别假立耶？若如初义，谓由因生，而云非有不应理者，是说非胜义有。以此是诤于胜义中有无时故，及彼敌者许胜义无，非云总无故。若如二义，惟由分别假立，不应道理，以无假立所依处故。若惟由世俗名言分别假立，则余诸法皆惟尔故。

次破所明胜义。即前论云："又应告言，长老！何缘诸可得者，此无自性？如是问已，彼若答言，颠倒事故。复应告言，汝何所欲，此颠倒事为有为无？若言有者，说一切法皆无自性，是名胜义，不应道理。若言无者，颠倒事故，诸可得者此无自性，不应道理。"

此中义者，谓彼诸法，现有自相自性可得，而云彼无，如何应理？即能缘量为违害故。若谓如是能缘之心不相妨害，以彼觉心是错误事故。若尔，彼错误心是有自相，说无自性是胜义谛，不应道理。若云无者，而云是错误故，虽现可得而非是有，不应道理。此虽亦观胜义有无，然义相同，又前观察易于了解，故如上说。

如是此中，若遍计执及圆成实于胜义无，惟名言有，未显其过。惟审观察世俗之识及错乱识胜义有无而显过者，是破依他起于胜义无惟世俗有，以此即是圆成实之有法，及遍计执能遍计者所遍计事，故诸智者，最要辨此胜义有无。又如《摄抉择分》云："若于依他起自性，或圆成实自性中所有遍计所执自性妄执，应知名增益边。"又云："损减边者，谓于依他起自性，及圆成实自性诸有法中，谤其自相言无所有。如是真义理门，由远离二边理门，应随决了。"谓后二自性，是有自相，若谤非有，是于自相起损减执，故《菩萨地》与此分中，增减二边及断除法，所说相同。

言无遍计所执者，亦由胜义非由名言。《摄抉择分》云："此诸现观，由如是名由如是言所安立故，当言是彼自性？当言非彼自性？答：世俗说故，当言是彼自性。第一义故，当言非彼自性。"又云："若诸名言熏习之想所建立识，缘遍计所执自性为境。"乃至"此惟假有，非胜义有故。"以是二我遍计所执，虽于所知决定非有，然非由彼一切遍计所执，皆悉非有。故破实有及胜义有，而立假有及名言有。故《解深密经》一类大疏，说遍计执于二谛俱无，能所二取依他起性，缘生如幻于世俗有。圆成实性是真胜义，于无性有是胜义有。其说非此经意。违

《摄大乘论》引《解深密经》成立无外境，说内外二取是遍计执。亦违《菩萨地》及《摄抉择分》。又彼引有决定论文，故有说是无著所造，太无观察。《摄抉择分》中除《解深密经·序品》而外，所余诸品多已引讫，于诸难处已善抉择，故彼论师亦无别造解释必要。末代有人，谓初自性世俗亦无、中性于世俗有、于胜义无、后性于胜义有，说是无著兄弟意趣者，亦出此宗之外。尤彼所说依他起于世俗中有之义，谓惟由乱心于彼妄执有生灭等，而彼事上实无生灭。当知此即《菩萨地》所说究竟诽谤依他起性，由是因缘亦谤所余二性故俱谤三相，最极断见者。于许《解深密经》为了义之宗中，是无可免相违过失。

辨了不了义善说藏论　卷贰

庚二　明自宗无违

若如《菩萨地》及《摄抉择分》说依他起是胜义有者，云何《解深密经》说凡诸有为皆非胜义？如云："如八支圣道展转异相，若一切法真如胜义法无我性亦异相者，是则真如胜义法无我性亦应有因，若从因生，应是有为。若是有为，应非胜义。"《辨中边论》云："胜义惟一性。"其《释》亦云："胜义谛者，应知惟一圆成实性。"《庄严经》论说胜义谛具五相时，说无生灭。如云："非有无自他，无生灭增减，非净非不净，是为胜义相。"《释论》亦云："由遍计所执，及依他起相，故非是有，由圆成实相，故非是无。"《摄抉择分》云："问：相当言世俗有？当言胜义有？答：当言世俗有。"又云："问：分别当言世俗有？当言胜义有？答：当言世俗有。"岂不相违耶？

不违之理，兹当解释，谓安立世俗及胜义有，有二理门。第一理门，由名言增上建立有者，名世俗有，非是由彼增上安立，由自相有者，立为“胜义有。”如经多云：“此亦是由世间名言增上，非由胜义。”此即中观师与内外道诸实事师，于胜义世俗有无诤论之处。依此增上，如前所说第一自性，于世俗有，非于胜义。后二自性于胜义有，于世俗无。故《菩萨地》，及《摄抉择分》如前而说。

又《摄抉择分》云：“若诸名言熏习之想所建立识，缘色等想事，计为色等性。此性非实物有，非胜义有，是故如此色等想法，非真实有，惟是遍计所执自性，当知假有。若遣名言熏习之想所建立识，如其色等想事缘离言说性，当知此性是实物有，是胜义有。“实有”“假有”亦如《摄抉择分》云：“若有诸法，不待所余不依所余施设自相，应知略说是实有相。若有诸法，待于所余，依于所余，施设自相，应知略说是假有相，非实物有。”谓，如依蕴假立为我，或为有情。又于此宗若不观待先取余法而不可取，待余可取是假有法，与非惟由名言建立是自相有，亦不相违。如赖耶习气，虽亦说是假有而与前说是胜义有，全不相违。若是惟由名言分别施设假有，则成相违。

第二理门，如《辨中边论》云：“胜义谛亦三，谓义、得、正行。”其《释论》云：“一义胜义，谓真如、胜智之义，名胜义故。”“胜”为无漏根本正智，其“义”即境，故云“胜义”，或“胜之义”。谓无我义真如，彼亦即是清净所缘胜义。于彼胜义无余二性惟圆成实，故如上说。《辨中边论》又云：“净所行有二，依一圆成实。”《释论》亦显然说云：“惟依圆成实立所余二性，非二净智境故。”言二智者，谓二障净智。此宗由许彼智是亲自证，智亦应是境。答，由待何境为达真实？意取彼境故无过失。如斯胜义，是无为法，虽于如斯胜义非有，然于自相建立胜义中有，非由名言增上建立，此宗无违。智藏《集学论》云：“识离能所取，许为胜义有，度慧海彼岸，瑜伽师论说。”此胜义有，亦就前理门。中观诸论，与瑜伽师诤论有无依他起者，非依名言增上，皆是诤论胜义有无，故应善辨二种胜义。论师兄弟论中，亦多依后种建立胜义。初二自性世俗有者，如《摄抉择分》说相及分别世俗有之因缘，一杂染起故，二施设器故。其中初义如《解深密经》说清净所缘名为“胜义”。故若缘何法而起杂染，即由彼义立“世俗有”，与《集学论》同。第二义者，谓是名言假立自性及是施设名言依处，名“世俗有”。“相”是言说依处之事。《解释正理论》云：“谓于世间错乱识境，及于出世无错识境，密意宣说二谛，为世俗谛及胜义谛。由能显了是世俗故，彼所决谛名世俗谛，以是显了所诠事故，譬如二足登处名为足橙、船所渡处名为船墩。”《摄抉择分》说：“通达真如根本正智是‘胜义有’，意谓无前立世俗有二因缘故。”说后得智是世俗有及胜义有者，由缘世俗相故，说名“世俗有”；由施设器相故，及起杂染缘故，名“世俗有”，与由有自相故，名“胜义有”，亦不相违。《解释正理论》叙声闻乘诤云：“胜义空性经说，有业异熟而无作者，若是胜义？云何一切诸法，皆无自性？若是世俗，于世俗中可有作者，云何无耶？”答彼难曰：“当知何是世俗胜义，由此能知彼二中有，当问何为二谛？若谓名、显了、假立、言说，是名世俗。诸法自相，是名胜义。若尔业及异熟，俱于名有，亦自相有。故彼二法，随欲皆有。”其胜义有是前理门，其世俗有是后理门，义于彼二俱应云有。又说：“于彼胜义虽许是有，然此不许说胜义中一切诸法皆无自性，是了义教，故于此宗无相违过。补特伽罗是世俗有非实物有，业及异熟是世俗有亦实物有，以是世间识境界故。于第二理门，非胜义有，彼二亦非出世智境，以彼智境是离言说总相故。”有大乘师，说一切法皆无自相，惟世俗有则有前文所说妨难。依《释正理论》说，极为明显。

《辨中边论》云：“谓假、行、显了。”此于粗分真实世俗谛中分为三种：一，假世俗；二，行世俗；三，显了世俗。如其次第，配三自性。诸余经中说真如等世俗有者，应知即依第三世俗密意而说。

如是若能详辨，上下诸宗实有、假有、世俗有、胜义有，及一宗中安立彼等差别道理，则能善抉择诸重要宗派，及能了知，实事师说众多假有及世俗有。然中观师尚须于彼立胜义无。若未能尔，徒欲分辨上下诸宗差别而已。

戊三　余论所说分二

己初　《庄严经论》所说

己二　《辨中边论》所说

今初

《庄严论》云：“自然自体无，自性不坚住，如执取不有，故许无自性。”谓于三有为相，及如凡愚所执自性，非是有故，密意说言，皆无自性。《集学论》则说，方广分经依彼二义，及三无性，密意说言皆无自性。谓诸法仗缘是无自性，无自然故。此义如《中观明论》释为无自体生，诸法已灭不能仍生彼，法体性是无自性，无自体故。现在未灭是无自性，以刹那法于第二时不能安住自体性故。总谓未来苗芽不自然生，过去苗芽不重复生，现在苗芽不能住于第二时故，说三世诸法皆无自性。如诸愚夫，或执常乐我净，或妄执余遍计所执相，由无彼自性故，名无自性。是世亲释。言“余”者，谓执能取所取实体各异，如“无自性”、“无生”亦尔，如“无生”故“无灭”亦尔等，前前为因，成立后后。即前论云：“由无性故成，后后所依止，无生灭本静，自性般涅槃。”如前已释。论又云：“于始自余相，自相自然异，杂染及差别，说无生法忍。”经说得无生法忍，此释诸法无生之理。其中“始”者，谓生死中无始初生，“自”，谓前念先生诸法、彼法自体不复更生。“余”，谓后念先无之相，后不新生，是《释论》说。此义如《中观明论》说生死中先无有情后不新生，要前者灭同类乃生，故法先无则后无生。“自相”，谓遍计所执，彼毕竟不生。“无自然生”，谓依他起。“无变异生”，谓圆成实。“无杂染生”，谓得尽智时。“无差别生”，谓佛法身。如此解释无自性义及无生义者，因此宗不许说一切法胜义性空，及诸有为胜义无生，为真了义。

其三世法无自性义，惟除现在及如愚执无自性义，亦共小乘两宗。毗婆沙师说法生后有住作用，住后又有坏灭作用。

若谓《解深密经》说依他起犹如幻事，《庄严论》说一切有为皆如幻事，故谛实有非彼正义。

答：非如幻等，即便决定不说谛实，要在采取幻喻等义。《庄严论》云："犹如起幻师，譬虚妄分别，如彼诸幻相，譬说二种迷。"世亲释说，譬如幻师，于木石等诵以咒术为迷惑因，虚妄分别依他起性亦尔，是初二句义。譬如幻相现为象马等像，依他起性现为异体能取所取亦尔，是后二句义。

《庄严论》又云："如彼无体故，如是为胜义，如彼可得故，如是为世俗。"《释论》中说：如于幻上全无象等，如是于依他起全无二取，是"胜义谛"。如于幻事见有象马体性可得，如是虚妄遍计所执，见有可得，是"世俗谛"。《庄严经论》释经中义，谓内六处无我命等现似为有，说如幻事，又外六处实非补特伽罗我所受用，现似为有说如梦相，未曾说为内外有为自性本空，现有自性之喻。《摄大乘论》释《般若经》幻事等喻譬依他起："云何实无外义而成所行境界？为除此疑，说幻事喻。云何无义心心法转？为除此疑，说阳焰喻。云何无义有爱非爱受用差别？为除此疑，说所梦喻等。"即以幻事作不实喻，亦须分别中观、唯识于不实义引喻之理，勿令紊乱。

己二 《辨中边论》所说

《辨中边论》云："虚妄分别有，于此二都无，此中惟有空，于彼亦有此。故说一切法，非空非不空，有无及有故，是则契中道。”初颂显示空相，次颂显示妙契中道。如云：“若于此非有，由彼观为空，所余非无故，如实知为有。若能如是正知有无，则能无倒悟入空性。”此亦显示彼义，故正明空性。言“于此”者，谓空依处，即虚妄分别依他起性。言“非有”之所无者，即能取所取有实异体遍计所执。言“于此都无”者，显示前由后空。若彼非有彼余何有？谓分别有及第三句，显依他起及圆成实。其第四句，除余疑惑。世亲菩萨如是解释，何法为空？及由何空义？安慧论师更为光显。如《疏钞》云：“有作是思，一切诸法都无自体，犹如兔角，故谤一切。为遮彼故，颂曰‘虚妄分别有’，谓有自体之增语。”“分别有”句，非惟齐彼便为满足，尚须引余即“有自体”。由是非说分别略有，是自体有或自相有。如是有者，圆成实性亦尔。

第二句文除疑之理，《疏钞》又云：“若如是者，经说一切诸法皆空，岂不违经？答：无相违，谓于此二都无虚妄分别，由离能取所取自性，故说名空，非全无自性，故不违经。”此说若依他起有自性者，经说一切诸法皆自性空成相违失。答中谓彼分别，外现所取，内现能取，能所分离，于如是有自性所空密意说言，皆自性空，非说全无自相自体。无著兄弟论义实尔。即于彼有，亦名胜义有。故说依他起自体空，全非此宗之义。

第三句文除疑之理，《疏钞》又云：“若彼二取犹如兔角都无所有，虚妄分别于胜义中是自性有，如是则应全无空性。答：非如是。谓此中惟有空，于虚妄分别上，其能取所取无性，即是空性，故空性非无。”言分别有及二都无，显示有者为前，无者为后，故起疑惑谓无空性。难云：若其分别于胜义中是自性有者，是举意许若有自相，即胜义有。答中不云我不许尔，于许彼上而作答释。又此论师《三十颂》释云：“或执所知如识实有，或执内识亦如所知，惟世俗有，非胜义有，皆堕一边。为遮彼二，故造斯论。”说依他起非都无者是如前引《菩萨地》说，破许全无或一切种无胜义事，非破彼许所知非有。

第四句除疑理，谓于分别若有二空，何故不证？由于彼空，有现二相错乱分别，以彼障故。

若一切法是一向空，不空、有、无，皆堕边执非契中道，为遮彼故，说第二颂。由有空性虚妄分别，故说非空，由无所取能取性故，说非不空。一切法者，谓虚妄分别名有为，空性名无为。说者，谓《般若经》等说一切法非一向空，亦非一向不空。应如世亲所释，善符经义。若谓非空即圆成实，非不空者，即余二性，非是经义。有者，谓有分别。无者，谓二取性。有故者，谓分别与空性更互而有。当如世亲师徒所释。有说彼二由一实有，余一即空，违前而说，不应如彼所许而释。安慧论师引《迦叶问品》别说有无各是一边。彼二中间，即是观察诸法之中道，释为是则契中道之义。故惟识宗解释彼经是中道义。余中观师虽说彼二后胜于前，然此宗许彼二义同。

如是世亲安慧解释之理，处处已说。

陈那论师于《八千总义论》中，解释《八千颂》义，与《摄大乘论》相符。

法称论师《释量论》云：“其中由无一，二亦俱失坏，是故彼二空，即是此实性。”谓能取所取无异体空所显空性，是依他起真实义性。彼又解释经说诸法皆无自性之义，如云：“诸事异相住，要依异相识，此识既迷误，彼异亦误谬。除能所取相，余相无所有，由彼相空故，故说无自性。”谓诸有事生等异相，非惟自证便能分别，要由现似二取相识乃能分辨。现二相识迷误虚妄，由彼所立亦应虚妄。离能所取既无余相，所现二相如现非有，故说无性。《释量论》又云：“由蕴等差别，安立一切相，用别非彼性，故说彼离相。”凡说色蕴等是所相、质碍等是能相，皆由能作、所作差别，虽许彼相所依实有，然能作所作分则非实有，故密意说皆自相空，此说共小乘部。

《释量论》又云：“若一切无能，见种生芽等，若许是世俗，云何能如是。”此与前文《摄抉择分》说同一宗要。此等解释诚恐文繁，故不详述。

丁二　别破增益边分二

戊一　明所破增益

戊二　如何破彼之理

今初

此宗正理所破有二，一损减边，惟由恶宗假立，即是内教无自性宗，如前已说。二增益边，又有分别俱生二种，其分别者，即外教及内教小乘两宗所计。其俱生中，增益人我至下宣说。故今当说增益法我，以诸宗派妄计法我，亦为成立俱生所执法我有故，及是正理正所破故。此宗教典除说执异体能取所取，是法我执外，多未宣说余法我执。《解深密经》，说依他起，由遍计执自性差别皆无自相，是相无自性，即法无我。由此返显于依他起执其假立自性差别是有自相，即法我执。《菩萨地》、《摄抉择分》、《摄大乘论》亦多励力成立彼所执空所显空性，是究竟中道义，及法无我圆成实。故若未知于依他起增益法我遍计所执，必不能知此宗之法我执及法无我。若执遍计所执是有自相，即法我执。其遍计所执者，谓于蕴等假名安立此即为色，此为色生等，或自性相、或差别相，假安立性。然于彼中蕴等容有，故执彼有非是增益。要执蕴等于彼自性，为自相有，乃是增益。其破色等是名言境，由自相成。若破能诠亲境，然亲所诠能诠、总相总名是无事者，小乘两宗皆已极成。故依他起由彼故空，无须更成又以成立彼空之量，亦不能成法无我性。缘彼空修，亦不能净诸所知障。故与《解深密经》说遍计执无自相空，即法无我圆成实性，及《菩萨地》说彼空性是所知障清净所缘，皆成相违。又破色等是言说所取之境，若破取境所依自相有者，则破依他起是自相有。若惟就取境自体破自相有，然比量、所量、共相、无事、经部极成，故不应理。又《转有经》云："以彼彼诸名，诠彼彼诸法，此中无有彼，是诸法法性。"此教于小乘部亦皆成立。未见《解深密经》所说遍计所执空之法性更能过此。又此空理中全无破除异体能取所取之真惟识义。故说彼是法无我性及所知障清净所缘，云何应理？故当说此宗何缘能无彼等相违。

兹当解释，如此空理，《菩萨地》说是所知障净智所缘，及是无上永离二边契中之道。《摄大乘论》说由入此门悟入唯识。故小乘宗非已极成。故许此违品“增益”，谓执色等于假名安立自性差别中，是自相有。诸小乘部亦有彼宗。以破彼时《菩萨地》中引圣教破，若破他教，则必不可引自师教，故所破境定有自教。又非是破无自性师与瑜伽师所有别派，定是小乘部，故不引申《解深密经》，惟引于彼极成三经，而为破执。

此中先明俱生增益。《摄抉择分》云：“复次，由五因缘，当知愚夫，如名如言于所诠事执有自性。”谓若问言此事用何以为自性？答：言是色自性，非答言是色名，为第一因缘。此中义者，谓若问云：“言色之义”以何为性？则必答云：色是自性，而不能说“言色之义”惟色假名为其自性。是故假立色名言时，青即施设为色名言依处。若观察彼如何现显，则觉非由名言安立，是由自体增上实尔。若执彼青如现实有是于青上假名为色，增益执著为自相有。诸愚夫类有如是执由前文成立，小乘两宗亦许彼执是应理执。彼虽许声所诠自体是分别假立，然许彼所依分是自相有。故此与彼岂得相等。

其增益差别遍计所执及增益余法之理，亦由此当知。如是现有心境二时，如现彼二似有异体、执为实有，亦是增益法我妄执。其余净难下当详答。

戊二　如何破彼之理分二

己初　正破

己二　断诤

今初

《解深密经》未说成立依他起上遍计所执空之理，为通达故，《菩萨地》及《摄抉择分》各说三种正理。《摄大乘论》先设问云：“云何得知，如依他起自性遍计所执自性现显，而非称体?”答云：“由名前觉无，多名不决定，成称体多体，杂体相违故。”此中由称体相违，成立依他起上遍计所执空。若显了说，例如大腹，为瓶名言所依处所，若彼即是大腹体性，或自相有，则非名言增上安立。若如是者，随名言觉，亦应不待名言，于未施设瓶名之前，于大腹上亦应起觉知彼是瓶。由于一事多体相违而成立者如敌者意，于一事上而有百施因陀罗坏聚落等多名转时，皆由事体增上而转，应成多体。如于分别现显，即彼事体如是住故。不杂乱事杂体相违而成立者，如敌者意，于二丈夫同名近护，一名转时，则彼二事应成一体，起近护觉无差别故。名及分别，皆由事体增上于彼二转故。若执色等分别依处是胜义有，或自相有，与执假名依处是自相有相同。故不善名言此名是此者，亦有所破增益，破彼之理亦皆相同。《菩萨地》破云：“要先有事，然后谓此是此制立假说，先未如是立假说时，彼事应无自性。若未立时先有自性后立假说，是则未立假说之时，应于此事而起色觉。”

小乘两宗虽作是说，若彼施设名言亲境，于事自性是自相有，则应不待施设名言起名觉等，有上过失。然说色等分别所依名言处所是自相有，无彼过失，然过相等。

如是色等分别所依，虽彼亦是名言所立，遍计所执，然是量成不可破坏。若谓此即彼事自相，则是惟名假立遍计所执，彼于所知决定非有。故名言所立又有二类，谓量成、不成。然此宗许凡是名言所安立者，即无因果。小乘两宗，若破色等分别所依名言处所为有自相，则不能知立彼等有。此非因明所说自相。

譬如无瓶是为灭无，然与地基可同处所，而不须破灭无有事二者相违。如是内识虽分别依处分，是遍计执非胜义有。然彼内识是胜义有亦不相违。故“以彼彼诸名”等，虽是声闻部经，然与彼释非无差别，如大众部经，所说根本识，此宗则为阿赖耶识。若执前说增益自性差别，或自相有或胜义有，即是正所知障。如彼所执抉择非有，即所知障清净所缘，实应正理。

由此诸理云何悟入惟识义耶？谓若破诸法从色乃至一切种智名言处所分别所依，是胜义有。则执能诠之名、所诠之义及依名义所诠自性差别之意言，知如所现其义非有，故其能取无不迷乱。由此便能悟入惟识无能所取。《摄大乘论》云：“以诸菩萨如是如实为入惟识勤修加行，即于似文似义意言，推求文名惟是意言推求依此文名之义，亦惟意言，推求名义自性差别惟是假立。若时证得惟是意言，尔时证知若名若义自性差别，皆是假立，自性差别义相无故，同不可得。由四寻思及由四种如实遍智，于此似文似义意言，便能悟入惟有识性。”

若谓此是观待分别意识破能所取，非以正理观待坚固习气所起无分别识破能所取，云何便能悟入唯识？答云：无过。谓所取青是执外境分别依处，由以正理破彼自相，便能成立见青是分别依处之取青识于境迷乱，以彼见似有自相故。若彼已成，则彼青色离似自识非有实物，亦得善成。

若尔，正理破除内识分别依处是胜义有，则应成立似彼自证于境迷乱，以彼见似有自相故。若此亦成，则于彼识自领纳体应无自相，是则弃舍瑜伽师宗。

答：无彼过，以自证分不见内识为分别所依，其取青识则见青色为执外境所依处故。以分别依处，于离二取自证等前，不可显现，于有二取执青识前则可显现，无相违故。现似分别依处，要有现似二取之理，谓以彼总相，于分别现时，定须现为二取相故。识则不同，此于分别现总相时，惟能现为领纳相故，又不应说于分别前定现二相故，是相等。以于分别现有二相，与现彼境自有二相，义不同故。若不尔者，应许分别定不显现无二相事。然不应理，无二相事应非有故。

若谓青是分别所依，惟由分别增上安立，于离分别则皆不现。幻相象马，于离分别应不显现，惟由分别所安立故。

是故《解深密经》宣说假立自性差别遍计执空是圆成实，其中亦非不破异体能取所取，彼经于奢摩他时明破外境故。

遍计执中一切共相及虚空等总有多种，《解深密经》皆未说者，以是由何遍计执空，立为圆成实时，彼非所须故。又彼多种，虽非名言所能安立，然亦非由自相安立，惟是分别所施设故。

观外破除能取所取，《摄大乘论》说如梦影等理。《二十论》说破无方分微尘道理。法称论师说破能所取相相似而生之理。陈那菩萨说破和合及极微尘是所取道理。《摄大乘论》释《般若经》，凡云“无”者，一切皆破遍计所执。若未了知，《解深密经》破遍计所执道理，则惟说为异体能取所取遍计所执，故于瑜伽自宗亦须说有无量不应理事，又说常无常等全无著处，则以此宗极难解释，是故有说，全无著处依根本定说，辨别此是此非有著处者，依后得时说者，是辩说穷竭。

《菩萨地》、《摄大乘论》、《集学论》等中说四寻思四如实智，是为抉择唯识正见，悟入惟识最胜之门，亦是烦恼根本分别及所知障之对治。欲知彼义，须善了知《解深密经》破遍计所执之理，及最微细所破增益。尤须了知，以彼正理破除异体能取所取，悟入唯识。然见尚无能观察者，故为诸具慧，略示观察之门。

己二　断诤

《解深密经》说，由于依他起执著遍计所执自性，起诸烦恼，由彼作业流转生死，若于依他起见遍计所执相无自性，彼等即得次第还灭。声闻、独觉、菩萨三乘，皆由此道，此行迹故，而得涅槃，皆共此一妙清净道，皆同此一究竟清净，更无第二。依他起上遍计执空，除前所引，亦未说余。是故声闻独觉证法无我，是否此经之义？若云是者，前谓不共，则成相违。若云不是，则此经义当如何释？《菩萨地》亦说，由自性分别、差别分别、总执分别，能生戏论所依，分别所缘事，彼为所依止，而生萨迦耶见，及以彼见生诸烦恼，流转生死。由四寻思四如实智，了知分别所取义无，彼等即灭。由是因缘，是许于诸法上假立自性差别执自相有法我妄执，是萨迦耶见之根本。其法我执，作补特伽罗我执所依者，即许声闻独觉不证法无我之中观师，亦复共许。其中若能尽法我执，补特伽罗我执亦必随灭。然未能尽法我执者，补特伽罗我执非不可灭，故虽未灭生死究竟根本，然脱离生死亦不相违。是故经言由此道者，虽是通达依他起上遍计所执相空之道，然非定须法无我道。以于依他起遍计所执空中，《集学论》说有依于补特伽罗无我而立故。由通达补特伽罗无我净诸烦恼，于断烦恼解脱之中大乘小乘全无差别，故云共一妙清净道，同一清净。《解深密经》释大乘经义，谓诸蕴等是依他起。于彼等上增益法我是遍计执。彼由此空，立法无我圆成实性。由此当知，五蕴依他起，由补特伽罗我遍计所执空，是补特伽罗无我圆成实性。如是三性建立，即是小乘经义，是故初转法轮所化之机，是堪通达补特伽罗无我相无自性之器，非堪通达法无我相无自性之器，亦是《解深密经》所兼解释。说善辨法轮，普为发趣一切乘者，亦即此义。若于假立自性差别，及异体能所取遍计所执空时，皆以依他起性为空依处，彼由前二故空立圆成实者，世亲三经《除害论》云："其中眼者，谓法性眼。言以眼者，谓以遍计及分别眼。所言空者，是离之增语。如是耳以耳空等，皆当了知。"此说圆成实性，为空依处，由其所余二自性空，复云何通？

答：若瑜伽师及中观师，任于何宗，抉择法无我圆成实时，当以何为空依处者？要观法我执为于何事执为法我。譬如执绳为蛇，恐怖忧苦，若欲除苦，应须以绳为空依处，显示彼绳由蛇而空。不可以绳蛇空作空依处，再说彼上空无所余实绳实蛇。又法我执，惟由宗派熏心立者，如执实有无方分极微，与彼和合所取外事，及无前后时分刹那与彼相续恒转内识，惟于彼宗诸人方有，所余有情一切皆无。若惟显示无彼之空，于无始来相续随转俱生我执全无损害。故须显示俱生我执为于何事妄执为我，即明彼事如其所执其我是空。应知破除恶宗假立，亦即属于破此支分。由是因缘，当如通常诸有情类，于见闻等义及眼色等内外诸事依他起上妄执为我，即当以此为空依处，抉择其空。非于圆成实上执有真实，余二自性而起迷乱。岂是抉择圆成实性由其所余二自性空而为无我，又执有法我，非执有他实事，如执某处有火，以自内心是见外境、内心似各别有，如其所见便执为实。其能对治，谓当显示所见心境无有异体能取所取，非说无余能取所取。故《辨中边论》释云："非如寺中空无苾刍，是如绳体空非是蛇。"法我空理，应知亦尔。莫如世说："鬼祟东门，俑送西门。"当观我执所依依他起性、彼所执我、遍计执空即圆成实。修此空性能治我执。除此法外修习余空，则于我执全无损害。《除害论》所说，谓分别心似能诠总名、所诠总义，名遍计眼；见似能取色处为体性之眼，名分别眼。由离能诠总名、所诠总义不可言说，及离眼上别现二取，自内证根本智所了圆成实性，名法性眼。其眼法性是根本圣智亲所证义，远离能诠所诠能取所取二相。由余二性，说根本智境界为空，以前二相是遍计执，以后二相是分别故。即彼论云："其所诠能诠之眼事，是遍计眼；能取所取体性之眼相，是分别眼。即彼远离能所诠相不可言说，离诸现相，惟自内证圆成实性，是法性眼。"又云："若汝作意修胜义时，诸行相事，皆不得现，故当知彼于胜义无，于世俗有。"此说圣根本智义无二相故，非说抉择因位正见法无我性圆成实之理。又《除害论》虽于略有圣根本智义，说为胜义有，然许根本智证真实者，一切皆许有其义境，故彼岂是诤胜义有无之胜义有，以观察真实正理，思择所得之胜义有，非彼所许。彼于空空，及胜义空、无为空时，于如是许广分别破即可知故，因恐文繁，故兹不录。

《般若经》中从色乃至一切种智，于一一法皆立三相。谓空依处名分别所破名遍计，此空法性名圆成实，是故须说其分别眼，由遍计眼空，名法性眼。若说根本智义，由前二性空后一性为经义者，未见善哉。又此论中说声闻人八种分别，指如释论。《二万释论》（解脱军造）即有彼文。又破依他起及圆成实，堪忍观察真实正理所观察故。又与世亲释《正理论》，如《解深密经》释《般若经》所有密意，极不符合。故非世亲所造，如诸古书，说是牙军所造，当是彼造。

丁三　由此分辨诸经了不了义

无著兄弟解释诸法真实之理，即如上说。初转法轮依有外境，说有能取所取，解为未了义。其意趣所依，如《二十论》云："识从自种生，似境相而转，为成内外处，故佛说为二。"为何而说？即彼论云："依彼所化生，世尊密意趣，说为色等处，如化生有情。"说从内外处生观色等识者，为令通达除彼等外无见者等故。如言执义所有违害，即破外境诸理。增益诸法自性差别遍计所执，即是法界法处，故于彼二未加分别说有自相，亦非了义。

《集学论》中说，方广分说一切诸法皆无自性，依三无性密意而说。《摄大乘论》说，方广分中凡说无所有，一切皆说遍计所执；凡说如幻等喻，皆说依他起；凡说四清净，皆说圆成实。其所说经即是般若，故说第二法轮是未了义，即指般若一类之经。《解释正理论》于般若等经，说无自性等，破如言执义。《解深密经》说，凡说一切法皆无自性，此等皆非了义。故许《般若经》是第二法轮。此不了义，与初法轮说能所取，是不了义之理，极不相同。以内眼识，从自亲种异熟习气成熟而生，于此种子及彼现相，密意说有眼处色处。此意趣义，不可说为诸小乘经所诠正义。依三无性密意宣说为无自性，则可说是《般若经》义故。又有外处，可以说是小乘经义。若未分别无自性理，说于胜义全无自性，不可说是《般若经》义故。故非释云："彼无分别，说一切法于胜义中皆无自性，虽是

《般若经》义，然非了义。”谓当释云：“不可如言而取彼义，惟于彼文义犹未定，尚须解释，故非了义。其解释法，谓遍计所执诸法，由其自相不成实故，名为胜义无自性。依他起诸法，由于清净所缘不成实故，名为胜义无自性。圆成实诸法，由是胜义，亦是诸法无我性故，名为胜义无自性。”故不许如言取义者，为《般若经》所化之机。其所化机，能达彼经之义如《解深密经》所释。故后二法轮意趣相同。

又于方广虽能信解，若如言执义，谓彼经义是如言义，皆须破除。谓彼经义非如言义，《解深密经》明了解释，故是了义。其《般若经》则于彼义未明分别，不可如言而取其义，故非了义。如言取义所有妨难，谓若如言取义，则执三相皆无自相，成损减失，如前已说。《解释正理论》云：“《般若波罗蜜多经》，说一切诸法皆无自性，如是等类，已多宣说。此经又说欲入菩萨无过失者”，乃至“亦说悔除一切诸恶罪等。”次云：“若无自性等文，是如言义，则此一切皆成相违，以诸所取皆非有故。从如是因，感如是果，如是所取皆不得成。又如是所取为取何事？欲何所取？由是因缘，于彼诸文不应定执为如言义。若尔，云何为密意语？”此显若无自性等是如言义，有相违过。相违之理，谓若无自性而为证得如是如是事，应当勤学般若，说有所取与欲得欲，及说布施感大财位等因果，皆不应理。此中主要，谓依他起不应道理。又云：“许《般若经》是了义者，亦说彼等惟由世间名言而立，非由胜义。”谓于取舍及因果等如已数说，非是总许全无自性，或名言无。经中虽未一一宣说，然已总说。若许胜义无是如言义，此则破其因果等事皆不得成。《菩萨地》及《摄抉择分》亦说，若于胜义一切不成，是损减边，已破除故。凡依胜义所说经典分其了不了义，要观如言有无正理而为违害。若善了知破胜义有复善了知即于如是所破事上，以量安立系缚解脱等。则于此宗所说妨难，皆能答覆。若不尔者，谓若芽生由量成立即胜义生。惟由乱识觉其为生，故于世俗彼等一切皆悉应理。此说不能断彼妨难，则依瑜伽诸师解释，反为端严。

解不了义虽有多门，然瑜伽师解第二法轮是不了义者，惟应如是，诸具慧者应当了知。《解深密经》说三法轮，非以弟子集会，及大师年岁等安立，是以所诠，复是依于抉择无我义立。谓初一类，于婆罗痆斯，说补特伽罗无我，惟除蕴等少数法外，未破实有，多说实有。次一类法，未详分别，总破蕴等一切诸法为真实有。后一类法，别别分说，第一自性是无自相，余二自性是有自相，是依此理而为安立。离此所说，宣说余义诸经，非此观察了不了义所依之处。《般若波罗蜜多教授论》云："若有经义是如言义，则彼经典惟真了义。以彼义中无第二义，即彼之义决定惟尔，故名了义。为以何经决定其义？有出自定，有由他定，有由俱定。"第一许为《楞伽经》及《解深密经》等，意谓彼等，显了分别有无自性。第二许为《八千颂》等，意谓彼中，未如《解深密经》分别有无自性。第三许为《二万颂》等，意谓此中《弥勒问品》破除颠倒如言执义，释不了义。《解深密经》亦解释彼为不了义，以第二经无《弥勒问品》故。若如是者，则许《弥勒问品》建立三相，与《解深密经》所说义同。若彼二义同，虽为应理，然世亲菩萨于般若说无自性等，引《解深密》等诸余经典，成非了义。显示于《般若经》如言执义前后相违。未引《弥勒问品》成立，故非无著兄弟意趣。然此二相似极难分别。若彼二义同，则一切诸法胜义无性惟名言有，不可释为《般若经》中"密意"之义，当如惟识而释。亦是最大应观择处。于中观时更当广说。

附录：

若于诸法诸事随起言说，即于彼法彼事有自性者，如是一法一事应有众多自性，何以故？以于一法一事制立众多假说而诠表故，亦非众多假说诠表决定可得，谓随一假说于彼法彼事有体有分有其自性，非余假说。是故一切假说若具不具，于一切法于一切事皆非有体有分有其自性。

又如前说色等诸法，若随假说有自性者，要先有事，然后随欲制立假说。先未制立彼假说时，彼法彼事应无自性，若无自性无事制立假说诠表，不应道理。假说诠表既无所有，彼法彼事随其假说而有自性，不应道理。

又若诸色未立假说诠表以前，先有色性，后依色性制立假说摄取色者。是则离色假说诠表于色想法于色想事应起色觉，而实不起。由此因缘由此道理，当知诸法离言自性。如说其色，如是受等如前所说乃至涅槃，应知亦尔。〔瑜伽三十六《菩萨地》〕

若谓诸相自性安立，即称其量假立名言，此假名言依相而立，是则于相假立名前应有彼觉，如已立名，又于一相所立名言，有众多故，有差别故，应有众多差别体性。是故名言依相而立，不应道理。

若谓诸相如名安立，由名势立相自性起，是则彼相假立名前应无自性，彼既无有，假立名言亦应无有。是故二种俱成无过。又假名言有众多故，有差别故，应有众多差别体性。又依他过，由彼诸相但依于他假建立故，是故一切假立名言如其自性，不应道理。［瑜伽七十三《摄抉择分》。］

辨了不了义善说藏论　卷叁

甲二　依止《无尽慧经》分二

乙初　标经所说

乙二　解释经义

今初

龙猛父子虽未明说依《辨了不了义经》而辨了不了义，然由解释经义之理义已显说。其《明显句论》、《般若灯疏》、《中观光明论》等，说依《无尽慧经》如是安立了不了义。故今此中依据彼经。如彼经云："何等名为了义契经？何等名为不了义契经？若有安立显示世俗，此等即名不了义经。若有安立显示胜义，此等即名了义契经。若显示种种字句，此等即名不了义经。若有显示甚深难见难可通达，此等是名了义契经。若有由其种种名言宣说有我、有情、命者、养者、士夫、补特伽罗、意生、儒童、作者、受者、无主宰中显示主宰，此等名为不了义经。若有显示空性、无相、无愿、无作、无生、不生、无有情、无命者、无补特伽罗、无主宰等诸解脱门，此等是名了义契经。此即说名依了义经，不依不了义经。”

其初二段，显以二谛为了不了义，谓就所诠分了不了。中间二段，释显示世俗者，谓以种种文说种种义。显示胜义者，谓显示一味永离戏论难通达义，非别安立。后二段明如何显示，为显示世俗及胜义之理。若说似有我有情等，是明世俗。又非惟说彼，即凡观待作者，宣说作用及所作事，一切皆是。凡说诸法空无生等，即是宣说诸法无性。凡说无有情等，即是宣说补特伽罗皆无自性。凡如是说者，即是显示胜义。即由此中宣说二种，故证前文亦须俱说法及补特伽罗。又此非以余一常法为所别事说无生等，是如经说即以蕴等诸法及补特伽罗为所别事，显示彼等皆非实有。由于彼事断除实有即是胜义，故名显示胜义。

《三摩地王经》亦云：“当知善逝宣说空，是为了义经差别，若说有情数取士，其法皆是不了义。”《明显句论》说此经分了不了，与前经义同。

不了义经，虽为引诱所化而说，然非以彼为不了之义，是谓彼经之义，即于彼经或于余经，须否更为引去解释也。义须引释又有二种：第一理门，如云：“应杀害父母。”此说所杀父母者，除正说义父母之外，而须释为业有及爱。第二理门，如云：“从黑白业生苦乐果。”若有说云：由二种业感生苦乐，即彼二之真理，除彼更无彼二真理，故彼经之真实义，惟尔决定，除彼不可更向余引。当为释云：彼二义之真实，应须除彼更作余释也。故《中观光明论》云：“何等名为了义？谓有正量依于胜义增上而说，此义除此，余人不能向余引故。”若如所说其义有无，即为了不了者，云有正量即足。然犹非足，故说依于胜义增上，故说从种生苗芽等。如所说义，虽有量成，然非依于胜义而说，仍非了义。除此义外引向余义，如前已说。故说诸法无实生者，既有正量，如所说义若非彼法真实，而亦不可更向余引。如是诸经是真了义。以由二种引释门中皆不能引故。若因此义须否更向余引增上而立了不了者，圣教为辨了不了义所相之事。须否更向余引之义立了不了，则以世俗胜义为了不了。如本地分说，依法不依人，法有文义二，义有了不了二。于了义中，依智不依识。《智慧光明庄严经》亦云：“所有了义，是名胜义。”《无尽慧经》说：无生等，是名胜义。故定应知惟无生等，是名胜义，惟说彼义是真了义。

若因一处，于所破上未加简别，不可便谓其无生等非如言义是不了义。如《十万颂》说诸法生等，是于世间世俗，非于胜义。一处已加，则于余处义亦加讫。故彼等处虽未明说，然彼亦是如言之义。

乙二　解释经义分二

丙初　龙猛菩萨如何解释经义

丙二　彼诸弟子如何解释

初又分二

丁初　释缘起义即无性义

丁二　赞彼即是经心要义

今初

有经于“生灭”等有无俱说，又有经中说“无生”等是真了义，亦有经说是不了义。谓说无胜义生，或自相生等，如言执义有理违害，故说无有自相之性及生灭等，意说遍计所执，所余二性是有自相。尔时由破何事说为无我？其法我者，谓于诸法增益自性及差别性是有自相，及执异体能取所取遍计所执。即说彼等所远离性，为究竟真实亦皆应理。然彼违害经实非有，谓若自性是胜义有或自相有，则说诸果观待因缘极相违故。故仗因缘，即无自相。有说若无自相，系缚、解脱、取舍、因果等皆不得成。是于自相性空究竟能立，执为究竟违害。此即龙猛菩萨释《般若经》及顺彼诸经义，不可更向余引，即于彼义而为决定，是为能立了义之理。及显不顺彼诸经，如言执义正理妨难，而开大车所行轨辙。《解深密经》说，若见无自相起损减见俱谤三相者，非说凡如是见者，一切皆尔。是说不具胜慧之机故是依于所化意乐而作是说，非佛本意。以胜慧机即由因果建立，而能通达无自相空，以于此机彼即灭损减见胜方便故。待彼所化，则《般若经》是未了义，《解深密经》是真了义。如《四百论》说：“对非说无我法器之机，我无我二，说前为胜。”《中论》亦云：“若此等皆空，无生亦无灭，则诸四圣谛，于汝皆应无。”此等诤云：若谓诸法自相皆空，则无生灭，生死涅槃一切建立，皆不应理。是于《般若经》等如言执义，显示违害之理。其答文云：“若此不皆空，无生亦无灭，则诸四圣谛，于汝皆应无。”此等是说若自性不空，生灭缘起皆不得成，一切建立悉不应理。自性空宗，如是一切则皆应理。说性空义，即缘起义。龙猛菩萨《中论》等中，以诸正理抉择此理者，是释经说生等无实，如言执义，无有少分正理违害。若无违害，则由余门更无方便能释彼等是不了义，故亦善成彼等是真了义。由此意趣《明显句论》云：“阿阇黎耶为辨了义不了义经，造此《中论》。”诸法从灭至异八事，有经说有，有经说无，二者相违。为答此诤，故如上说。又彼论云：“由未了知如是言说所有密意，或有疑惑何为此中真实言说，何为此中密意言说，或有劣慧执不了义为真了义。为以教理二门，除彼疑惑及彼倒解，阿阇黎耶故造斯论。”《集经论》中问：何为甚深法？答：引《十万颂》、《金刚能断》、《七百颂般若》等，诸说甚深之经。理聚诸论，皆以彼等经义为真了义，如其所说，不可他解。义决定故，除彼许余为密意说。《释菩提心论》云：“为断愚夫怖，故佛说此等，一切皆惟识，然非如实义。”此说破除外境，成立惟识是有自性，非如实言。《宝鬘论》亦云：“犹如诸教师，先令读字母，如是佛对机，说其堪忍法。为一类说法，令止诸罪恶，有为令修福，有说令依二，有令俱不依，对修菩提者，说甚深可畏，空悲心要法。”初颂显示佛于所化，与慧相称而为说法。其次三句，依增上生而为说法。次之一句，对于二部小乘种性，依补特伽罗无我及有二取而为说法。再次一句，对于一类大乘种性，说无二取而有二空。再次三句，对缘大乘上慧之机，依可怖法皆无自性，及大悲心而为说法。以是若时见说无实，即不能立系缚解脱等一切建立。尔时须分有实不实，为说一分无我，渐次引导。以无安立因果依处，其少分空，亦不可立故。故有经破补特伽罗自性，多不破蕴。有经破除异体二取，而不破除二空自性。若时能达缘起之义即无性义，是则无须如上分别以于无性之事，即能许可一切建立皆应理故。以是因缘于业果等少断见过大乘种性，亦有众多，虽破粗分实有，然不能破细分。更有众多破细分者，则无正量所立一切建立，故《解深密经》所分了不了义，是于大乘引多众生最大善权方便。如释彼经，是依众生增上而说，如是与彼随顺诸经，亦当了知。又作诸论释彼等密意者，如所释义，虽非自许，当知亦因所化增上，为顺彼意而造论释。

丁二　赞彼即是经心要义

如是若以因缘生因，即谓诸法皆无自性，说性空义，即缘起义。论师见此较佛余说最为殊胜，是无上圣法，故诸论中多就宣说缘起门中称赞世尊。如《中论》云：“佛说缘起法，不生亦不灭，不断亦不常，不来亦不去，不一亦不异，灭戏论寂固，敬礼正等觉，最胜说法者。”《六十正理论》云：“为当以何法，能断诸生灭，敬礼能仁王，宣说诸缘起。”《回诤论》云：“佛说空缘起，中道为一义，敬礼佛世尊，无等最胜说。”《不思议赞》云：“佛说缘起法，即是无自性。敬礼无等智，难喻不思议。”初论宣说，缘起远离生灭等八。第二论说，由缘起因远离生灭。第三论说，缘起、中道、与自性空同是一义。第四论说，即由彼因故生灭等远离自性。一切佛经，皆依世俗、胜义二谛而转，若不了知二谛差别，即不能知圣教真实。由二谛门解释佛经，亦即此理。以诸宣说种种缘设缘生法者，一切皆是世俗谛法。由彼道理成无性空，惟尔即是胜义谛故。《七十空性论》云：“由一切诸法，皆是自性空，故无等如来，说诸法缘起。惟彼即胜义，然佛薄伽梵，依世间名言，设一切种种。”如《自疏》云：“胜义谛者，惟是一切缘起诸法自性本空。”如此所说，许胜义谛除于所破加不同简别之外，其于破事缘起法上惟遮所破之我，即安立为胜义谛者，两宗符顺，故立余胜义不应道理。若许彼实有，亦复说为不可救治之见。如《中论》云：“若复见有空，说彼不可治。”《出世赞》亦云：“为断诸分别，故说空甘露，若复执彼空，佛说极可呵。”此说彼为极可呵处。有法缘起与法性胜义谛，见有能依所依者，是于名言识前，非于根本无漏理智。故于彼前惟有法性，全无有法，而不相违。然于观察诸法自相实性，以如何有为胜义有者，若无有法，则彼法性无力独立。故前宗说，若依他起缘起诸法自性空者，则圆成实亦无自相。此宗亦如是说。如云：“有为不成故，无为如何成?”经云：“若色尚且不可获得，岂能获得色之真如。”二宗皆多次宣说。《六十正理论》云：“惟涅槃真实。”言惟彼真实诸行虚妄是欺诳法者，谓虚妄不实之义，此处说为欺诳。故彼违品真实之义，亦是不欺诳。非观实性有无之时，以有自相说为真实。言欺诳者，如非饶益诈现饶益说为欺诳。此诸行等实无自相，现似自相，罔诸愚夫，故名虚妄，或名欺诳。涅槃胜义谛，于现量前，无有如前现欺诳事，是故说为不欺，真实。他宗不许人法是缘生缘起，而许彼二是实有者，堕常断见险恶之处。自宗虽许彼二是缘起性，而许实有及自相有，此等亦随常断见转。故欲远离常断见者，当许人法是缘起性，犹如水月，自性本空，谓此道理，是离常断最胜之门。《六十正理论》云：“诸不许缘起，著我或世间，呜呼彼当遭，常断见等夺。若有许诸法，缘起而实有，彼亦云何能，不生常等过。若有许诸法，缘起如水月，非真亦非邪，彼不遭见劫。”由非真实而离常见，由各能作自所作事，非是邪倒不能作事，远离断见。以是若许内外诸法是自性空，复说彼空是世俗断见者，则与二大车轨殷重成立缘起双离常断俱成相违。又多自许为中观者，谓彼与自许诸世俗法以自体空，二家相顺。此二俱是倒执自空之义，即自宣扬我无方便显示此诸内外缘起远离常断。若说诸事常住外道，由不许缘起故，许诸法实有，是自师宗，非可怪处。若许缘起依因缘生，而许实有，是最可笑处。《六十正理论》云：“若诸说有者，执胜事而住，彼住其道故，无少分希有。若诸依佛道，说一切无常，诤执诸胜事，安住此甚奇。”此说若于无实及无自相，而许不可立生灭等，是可笑处。

由此缘起远离常断极难通达，故佛念云：“我所证得此甚深法，为他宣说莫能通达，且当默住。”《中论》云：“由知有执者，难达此法底，是故能仁意，退转不说法。”若如前宗，无斯难事。言是故者，谓由倒执此理成大损失，由无胜慧亦难通达，故当断除俱谤此法文义，及单谤义，并无安立业果等处诸断无见，而当励力知真实义。《宝鬘论》云：“如是邪执者，当得诸衰损，善知获安乐，及无上菩提。故于此当断，诽谤及无见，为成一切义，当勤求正知。”论师解释甚深经义，宣说无量正理异门，当知余门，皆是通达此义支分，于中观义精勤修习。此正道理，已于余处数数宣说，复欲广造《中观论释》，故于此中略说尔许。

丙二　彼诸弟子如何解释

龙猛菩萨上首弟子，谓圣天论师，此造《瑜伽师四百论》，广显龙猛菩萨之轨。佛护、清辨、月称、静命等诸大中观师，皆依为据等同菩萨。故如先觉，说此师徒之论，为根本论。故此当说圣父子后，解释此等意趣之理。又勇论师及龙菩提等虽有众多大善巧王，然彼等所释中观之论，未见有译，故当宣说余有论者有大差别之宗。

此中分二

丁初　自续中观师如何解释圣者诸论

丁二　应成中观师如何解释圣者诸论

初又分二

戊初　清辨论师如何解释

戊二　静命父子如何解释

初中分三

己初　于胜义中如何解说人法有无自性

己二　于名言中如何解说有无外境

己三　显示破胜义有以何正理而为上首

今初

论师所造诸中论中，《根本慧论》为主。其释有八，谓《无畏论》、《提婆沙摩论》、《古拏摩底论》、《古拏室利论》、《悉提罗摩底论》，并佛护、清辨、月称之疏。《观音禁》说清辨是依《提婆沙摩论》释《现白论》。其《无畏论》解《二十七品》云："大德提婆亦云，闻者及所闻，说者甚希有，故略说生死，非有边无边。"此引《四百论》证，故非自释。佛护、清辨、月称释中，皆未略引彼释，故亦可知。清辨解释菩萨意趣时，如何解释二无我胜义，若知此师抉择三相之理，则极明了。此如《般若灯论》云："此中若谓无色意言及色名言遍计所执性是谤有事，以谤意言及名言故。"此说遍计所执相无自性时，若谓遍计所执，是能遍计自性差别之分别与名者，彼二是蕴所摄，则谤依他起为相无自性。故许依他起是有自性。《解深密经》说："由无自相故，名相无自性。"彼等即是抉择经意，故许依他起有自相性，极为显了。《般若灯论》云："遍计所执，名、相、分别、正智、真如，五法之中悉皆不摄故是相无自性。"此出敌者，是《摄抉择分》说彼非五法所摄。彼中说"名"，是不相应行，"相"是所遍计事，遍计执乃无事，故非四法。惟是分别假立，故亦非真如。《辨中边论》说"名"摄在遍计执者，安慧师说，是名假立义，非名自性。彼论说相是依他起者，意说行相，以《摄抉择分》说相中亦有无为故。虽由五法不摄之理，是相无自性，然彼不摄，非相无自性义。

名言中有，应成派论中，亦多说名自性、自体、及自相等，此师论中，复多说云：无有自性，自性不生，无实物等。故极难辨别。然释《解深密经》所说，有、无相自性之义，是此论师许诸有事，于名言中有自相之证，最显然者。故于人法，虽未通达无自相之自性，然亦自许完全通达二无我相，非惟由自相成，其由破何法立二无我之所破，下当广说。

又《般若灯论》云："若谓任谁由彼二法所遍计义，彼即非有。譬如于绳妄起蛇觉，然遍计执非无所有，以现彼相乱觉所计虽无所有，然名言中于盘蛇上彼非无故。"此谓若说遍计所执非能遍计，是随愚夫名言分别所假立义。彼中无相自性，如于绳上妄计为蛇，此显彼喻非理之过。义云：若于色等假立自性差别之义，谓彼彼等，是相无自性，如于绳上妄计为蛇，谓无彼义。此不应理。若他于绳妄执为蛇，义虽非有，然于盘蛇而执为蛇，于名言中彼义实有。如是于色若执为受，其境虽无，然于色上即执是色，彼境可说名言有故。

此中“有无”，是说相自性有无。故说，“于色等上所计自性差别之境，非于名言无相自性。”若名言中说于盘蛇而无蛇者，世间违害。如云：“若于盘蛇执此是蛇，无彼境者。”若于胜义简有事者，是随《中观》说。如云：“若于盘蛇而执为蛇，成立彼境，为胜义相无自性者，是中观宗。”《般若灯论》云：“故若欲说增益自性差别遍计所执相无自性者，应当受许中观正理。”“正理”者，如《中论》云：“由遮心行境，即遮诸所说，不生亦不灭，同法性涅槃。”此复非说于大腹上假立为瓶，破彼名言所立之境于胜义有，而须中观所有正理。《分别炽然论》说：“聋哑等类不善名言，然亦了知瓶等之义。牛等畜类由色香等，亦能了知自他犊子，故名言所立，非法真实。瑜伽诸师与中观师所许相同。”故云此是色，此是色生等，其能遍计所著之境，即是由彼所遍计义。此于名言是有自相非相无自性，故说破胜义有为胜义相无自性，乃是经义。经说遍计执相无自性，其遍计执谓所著境，是胜义遍计执。言彼惟由名言假立者，义谓惟由名与分别之所假设，故不应妄说依他起性是相无性，非遍计执。若不尔者，瑜伽宗中，计依他起自性差别，所计自性而无自相，亦不可说是遍计执相无自性故。故于胜义若色自性，及色生等空，为圆成实，乃是经义，说瑜伽师所释，则非经义。如是经说，依他起性由无自生，名生无自性。言无自生者，与余经说无自性生，无自体生，此论师许其义相同，亦即说为胜义无生义。由是当知，言自性生者，即是由自相生。若于有事破彼生时，决定须加胜义简别，以于世俗许自相生故，诸瑜伽师，亦许《解深密经》所说自生，与诸余经说自性生，其义相同。许无彼生，即无自然生，故虽无彼生，然不许全无胜义生。

若依他起是真实有，则如所现应如是住，经说如幻则不应理。故说彼自性空，乃是《解深密经》义。

己二　于名言中如何解说有无外境

当说诸世俗事境识何摄，圣者父子未显分说于名言中有无外境。然此论师，于名言中许有外境，又许根识有相而取，若无境相则不取著。又许彼二前后因果。《十地经》说“三界惟心”者，破外宗说离心别有世间作者，乃是经义，非破外境。《楞伽经》云：“外境悉非有，心似身财处，现为种种事，故我说惟心。”亦许此经非破外境。故破外境，似许全非任何经义，应当观察。经初句义，谓诸外境非自性有，《般若灯论》说，如同身、财、处所等境生种种心者，谓似彼境行相而生，惟心之义如同前释。

和合而成色声等时，一一极微皆与根识作所缘缘，故彼于识非不显现。如军林等依异类成，是假和合，虽无实体，然依一事同类极微，名为和合是有实体，瓶等亦尔。其现二月等识，亦须依一月所缘而生，无外所缘则不得生。若无外境，亦谤经说从所缘缘生诸根识，以于胜义及名言中从所缘缘生，皆不应理故。故亦不许阿赖耶识。若许彼识，虽无外境由彼习气成熟力故，亦可安立似境识生，则计外境悉成无义。故《中观心论》云："由说识异门，即显示有我。"由不许彼，亦不安立染污意识。又前论云："离见境所余，自心如何现?"谓识现似外境行相，及不现彼相，惟现能取领纳自体，故说识二分，谓自体及外境，其外境即前所领，故自证与彼，为能缘所缘。如是所立诸所缘缘，虽于名言亦皆破除，故亦不许有自证分。其许自证分之理，此最明显。

智藏论师释中观时，亦于名言不破自相许有外境，与此宗同。

己三　显示破胜义有以何正理而为上首

问：此论师破胜义有，以何正理而为上首？除以一二遮因破外，皆以相违可得因破。意令易了，例如举"因"与"所立法"《随行喻》云："眼于胜义，不应见色，以是根故，譬如耳根。"又云："地界胜义，非坚为性，是大种故，譬如水界。"以如是等比量成立。圣父子论中，多说因齐平头正理，此即依彼而为上首。意谓坚及见色若有自性，同是大种，应无坚不坚之差别，同是根故，应无见不见色之差别，以辨如是差别之因不可得故。谓若胜义有，如所显现，应非由心增上而立，是由自体增上而有。若尔，即是自然而有，全不待他，故无量能辨彼等差别。譬如烟生若不待因，举过谓当观待一切，或亦不应观待于火。若有自性即胜义有，应离因缘及和合性，别有自体单独而住，然诸大种大种所造，是八微合，心及心所无则俱无，一切有事皆待因缘和合而生，若离因缘，则无所有。是故说为无胜义有及无实体。离和合外显示别无独立性者，多由显示若胜义有应独立有，次即于彼出过而破。然不多如诸余论师于分有分用一异理观察而破。

善解菩萨诸大弟子用何正理而为上首？慧力增长极为有力，故于此宗破胜义有出因相齐平头之理，亦当善学。

戊二　静命父子如何解释分四

己初　于胜义中如何解说人法有无自性

己二　于名言中如何解说有无外境

己三　如何解说《解深密经》义

己四　显示破胜义有以何正理而为上首

今初

《解深密经》说相无自性、及生无自性之义。如清辨师意，《中观明论》所释静命亦许，故于名言亦许自相所成自性。又由其许七部量论等，安立因果之理，亦可了知。

己二 于名言中如何解说有无外境

于名言中有无外境，此如《般若灯论》云：“若先许惟识，后仍遍舍者，与其以泥污后而洗，初即勿触远离为妙。如达外境全无自性，亦当如是通达内识，无我无生。”《释论》说为：“瑜伽师宗先为悟入世俗谛时，破除外境，受许唯识。后为通达胜义谛时，亦舍唯识。”此说与其先令执受内识实有、后仍破除，宁如最初即说无实为妙。如境无实，亦能通达识无实故。有中观师，许于所化必须如是次第宣说，显然亦破。如是有云彼二非同时修、应次第修。前论破云：“先即同修无须悭吝。”《释论》说是瑜伽师意，余意如前。

如斯宗派虽尚有一二，然中观宗造诸广论说于名言无外境者，如智军论师说，静命论师是开创者，极为善哉。如《中观庄严论·自疏》中云：“若有受许因果诸法，欲答一切诸恶敌难，应观何义为世俗事、惟心心所为自体耶？抑为亦有外法体耶？此中有依后义者，如说经说惟心破作者受者故。有余思云：“虽诸因果法，亦皆惟有识，诸自所成立，亦皆住唯识。”此引《中观心论》立外境之宗，如前已说。言有余思者，谓自所许。为依何经作如是说？如论自疏云：“若如是许与《庄严经》《解深密经》等所说皆相符顺。《楞伽经》亦云：‘外境悉非有，心似外境现’。如此所说亦为善说。”如是依止惟心之理，少用功力即能通达补特伽罗我及我所、与能取所取异体等皆无自性。若有慧力增上精进，以一异性观察其心，见胜义中无坚实性，则达胜义离一切边中观之理。《中观庄严论》云：“由依止惟心，当知无外事，次由依此理，当知心无我。”此如《楞伽经》云：“因缘皆退转，亦定遮其因，安立惟有心，故我说无生。诸法无外义，心亦不可取，离一切见故，是为无生相。”《庄严论》中即释此说。论疏中释，初颂显示惟识宗之无生，第二显示中观宗之无生。在名言中由外境空是惟识理，在胜义中一切诸法皆无自性。依此二理能得大乘。即前论云：“御二理大车，掣转正理衔，彼达如实义，当获得大乘。”

若谓于名言中无外境之理，是龙猛菩萨意趣者，彼由何论显示斯义？《中观庄严论》云：“此中亦云，此中皆无生，亦皆无有灭，故诸生灭法，当知惟是识。宣说大种等，皆是识所摄，彼离智所见，岂非皆颠倒。”引此颂文，成无外境。其中后颂，是《六十正理论》文。若谓初颂显示惟识，云何说有大种，及大种所造耶？后颂显示，由识现似彼等，而立彼二，故识所摄，若胜义有，随云是识或是外境，然于正智皆不显现，故是颠倒。疏说初颂是引《楞伽经》。寂静论师说彼二颂皆龙猛造，谓此显示唯识，故许中观唯识二宗相同。盖想静命一文而引也。然彼论中，造者虽异，作一文引余亦有之。此宗许青黄等相是有事摄，法称所许亦如是释。故于名言，是如实相派之中观师，于名言中安立自证，虽未明说安不安立阿赖耶之理，然是不许之宗。

于名言中，许青黄等相非是有事，如假相派之中观师者，俱生金刚论师云：是如罗嚩跛论师所释也。

己三　如何解说《解深密经》义

若尔此宗，于《解深密经》义，为如瑜伽师所释耶？抑别许耶？《中观明论》云："是故世尊，解无生等，惟依胜义增上而说，及显三种无性密意，明离二边处中道故，安立惟是了义之经。"此说《解深密经》，解释三种无自性意，以彼二义，成立《般若经》等是了义经。此复损减世俗自性，及增益执名言所无常住等事，并执色等如现而有，彼皆不能悟入胜义。为除彼等增减执故而说，以破说无生等随言执著，故显凡说无生灭等，皆依胜义增上而说。由是应许于名言中有生灭等，故除损减。依他起相由依仗他缘力而生非自然生，故名生无自性。诸有智者，凡依缘生，即便许为自性本空。此同《无热恼问经》云："诸依缘生即无生，彼中非有生自性。"此说缘生，无自性生，故依他起，非以从因缘生即成实有。若不尔者，幻等妄法亦当皆成实事。由无谛实与幻无别，故《解深密经》密意宣说依他如幻。由是因缘，若执无常等事为胜义有，即遍计执。如所遍计而不成实，故说遍计执为相无自性，此除增益。

又于依他起性执为遍计所执者，须为显示如其所执相自性中无依他起，故于依他起胜义无性，说名相无自性，亦无乖违。《解深密经》由遍计执无自相故，说名相无自性。余二自性，不由无自相故，名相无自性者，以余二性胜义无性，即遍计执由自相成相无自性之义。是此宗所许。故胜义中由无自相名相无自性，离增益执。由名言中有自相成相自性故，离损减执，最为明显。

故依他起若无自相则谤因果，同瑜伽师其差别者，此宗是说于胜义中无有自相，瑜伽师说若有自相即胜义有。《解深密经》说于色等增益自性差别中依他起法皆无自相，是依他起遍计执空之义。此宗亦如清辨论师，许为所著之境，与前说同。复有难云：有诸经中说一切法皆无自性及无生等，是不了义，《解深密经》等显示彼经密意义故。《中观明论》答彼难云："是故虽显密意，然是了义，亦无相违。以即成立说无生等是了义故，与现见等离相违故，破除随言起执著故，如《解深密经》云。"次引经说，依法无我胜义无性，说无生等文。言是故者，谓《解深密经》说，是一切法胜义谛故，亦是无性之所显故，名为胜义无自性性。其无自性，即此经说一切诸法惟无自性故。《解深密经》解释此经说无性等所有密意，破除随言所起执著，成立了义。中观诸师，由于胜义许无生等，而许世俗生等。故于宣说无生等语，非是随言而起执著。此宗意谓若执全无生灭等是随言执著，若于胜义许无生等，非是随言而起执著。

设有难云：若如是者，第二法轮说无自性及无生等，此经说彼是未了义，即成相违。以由此经成立彼等是了义故。《中观明论》虽断此诤，然其意趣，谓说是未了义，与显其密意成立了义。若是一经虽成相违，然非一经，仅同是第二法轮。此如《般若心经》中，未明显加胜义及谛实之简别，直云无色等不可惟如所说随言执著，更须引释，故非了义。引释之理，谓胜义中，无眼耳等，非名言无，故须更加胜义等简别。由是因缘，如《十万般若》，于所破上已加胜义简别者，义谓成立如言了义。故说第二法轮是未了义者，义谓非指一切第二法轮。

《解深密经》于说无性无生灭等，虽破随言执惟是实，然未破除于胜义中执无性等为随言执。合观前后，若执无有自相之性及生灭等是随言执。此经宣说，由无自相名相无性，亦是破除胜义中有。由许名言有自相故，故如上释。

总之，惟为趣大乘者，转第二轮，彼于所破胜义简别有加未加。如后经说不可随言而起执著。应知犹如前经所说，谓生灭等于胜义无、于名言有，是为《解深密经》所释。故许《解深密经》是树立《十万般若》等为了义之经。此解释初说，为不了义之理，易解不说。若作是思，诸瑜伽师所立三相，若非此经之义，岂许全非任何经义耶？《中观明论》（莲花戒造）云："《解深密经》、《入楞伽经》、《庄严经》等，遮遣外境成立惟心，有时不破心自性者，是为随顺未能顿证一切诸法皆无自性，须渐导者意乐而说。"谓彼经中共有二机，为能顿证一切诸法皆无自性所化而说，及为前机，故须分别立彼经义。

藏译静命论师诸论，虽未如前明说抉择三相之理，然此二师意趣相同。如瑜伽师所释《解深密经》三相之义，非是经义。清辨解为中观道轨详如《中观明论》中说。

若能详知二派释经之理，即能了解诸大论师无量正理及释经轨。

己四　显示破胜义有以何正理而为上首分二

庚初　明理所破

庚二　如何破除

今初

若许诸法于名言中有自相性，而除彼外说所破事名为“实有”，或“真实有”，或“胜义有”，其相云何？

此中若未善解执实有等执著之理，或彼如何执所破之总相，惟依于无实等名，而说众多若如是有有此违害，及非彼有有此能立，然终未能善解其义。故明所破极为切要。此如论说：“地等胜义非大种性。”其释论《分别炽然》云：“所言义者，是所知故，说名为义，即是所观，所了增语。所言胜者，是第一名。总云胜义者，谓此是义，亦是最胜，故名胜义。又胜之义，名为胜义，以是殊胜无分别智之义故。又顺胜义，谓证胜义随顺慧中，有彼胜义，故名随顺胜义。”三中后说，是此处义。《分别炽然论》云：“胜义有二。一谓无作行转出世无漏，永无戏论。二谓有作行转随顺福智资粮、世间净智，有诸戏论。今即以此为宗差别，故无过失。”此中亦许观择胜义所有理智，非惟圣人后得理智。由是因缘，中观诸师与余宗师，观事有无，云于胜义无彼事者，义谓于观胜义智前，无有彼事，云彼非有。此师论中除此之外更无明说。智藏论师《二谛论》等，《中观庄严论》及自释中亦无明说。《中观明论》云：“于真实义由闻思修所成诸慧，一切皆是无倒心故，同名胜义，以此之义是最胜故。然有现证不现之别，彼等皆由意乐增上了知此等一切诸法皆惟无生。故言胜义无生者，即说正智者不成立彼等之生。”此说三慧，由境是胜义，故皆假名胜义。由以正智不成其生，故说由彼意乐增上名为无生。二无我义，由具正理名之为胜。乐断障者，为证此故而发希求，及是无倒胜智境义，是故说为真实胜义。如是真实，亦指理智，由彼增上名无自性，非名言识。或指真实性体，观真实相亦无所有。是《庄严释论》中说。若法生等是真实有，则以能量诸法胜义真实义慧应能成立，然以彼慧不能成立，故说生等非是诸法真实中有，即彼名为胜义无生。

若尔，如何有生名真实有耶？譬如幻化象马所依木块等物，于迷乱目现象马时，不可说是惟于识前现似彼相，非木等物现似彼相。如是苗芽现从种生，亦不可说，惟于识前现似彼生，非是彼苗从彼种生。

若尔，苗芽自从种生，应即胜义生。答云：无过。如幻化事，虽彼自体现为象马，然由眼识迷乱之力，乃如是现，非从本来因缘所生即现为彼。若不尔者，于不迷眼亦应乱现。如是从种生诸苗芽，亦由于诸名言识前如是显现增上而立，非诸苗芽由自体性增上而生。由是因缘，若谓不由自能缘心显现增上安立，而执苗芽由自体性增上而生，即是执为有胜义生。依此应知言胜义生及真实生，亦应了知一切余法有无胜义及真实义、谛实生等。此如《中观明论》云：“彼于一切有情现有实体，故由有情意乐增上，见一切法虚妄自性，应当说名惟世俗有。”

谓从无始习气所生诸世俗心，于胜义无性乱见为有。即由彼故，于诸有情现有实事。故由有情意乐增上立为有者，名世俗有。此相违品即胜义有，故应依此而说。一切自续中观诸宗，亦皆同此。

又如二种俱生我执，虽非惟由不观察心显现增上而能安立为名言有，然由于名言识显现增上，无有余量能为违害，即能安立为名言有。在此宗中由如是识显现增上所立名言自性，亦许为有，故简别云："若非由其自能缘心显现增上之所安立。"

若彼诸事由实执境空所显空性，虽许是彼诸事胜义实性，然说彼性若非由其自能缘心显现增上之所安立，而由实性增上所立，亦不得成。由此应知空空之义。上说实执，即是此宗俱生实执（即俱生法执）。不善言说诸有情类，虽不合执彼等名义，然有义执。故实执境若于彼有，即能出过。谓应堪忍观择究竟正理之所观择，及应许有无分之事，应具自性三差别等。然执有彼等，却非实执之义，以破彼执仍不能成无实义故。若未善解此宗实执之义，谓凡理智有所量事，即是实有，昔诸先觉，亦有许此。或许理智全无有境，或有妄辨，理智比量，立境有无。

总应先知俱生法我执义。凡破法我。一切正理，应知皆是或正破此或此支分。听闻、讲说、思惟，当观于自身此执，能有几许违害，应知是为主要教授。自部余宗说无我时，亦如是观。

庚二　如何破除

破除如是所破之理，以何为主？此宗破除所破之因，除一二外，皆依不见系属之因。《中观庄严论》说，依《楞伽经》及《父子相见会》，以离一异因为能立。《中观明论》说金刚支理破有无生、破四句生及离一异，亦说缘起因此即见相违因。显示他宗相违究竟者，谓随自他部所许何事，先依时间、或依方分、或依心识缘境相等，显示无有非多分集无分之法。次即成立具足多分。于一法上具多分性，虽名言义容不相违，然胜义中分与有分二性异者则无系属。若一性者，诸分应一，有分应多。由显此过破除诸法于胜义有，此即励力解说提婆"离节无余指"等道理。譬如破他生时，常与无常二品决断，破从常生于无常中同不同时二品决断，破同时生不同时中先坏未坏二品决断。破从坏生先未坏生有无间隔二品决断，破间隔生此等稍易。次从无间隔生中，谓一切体全无间隔及一分无隔二品决断。若如初说，二时应杂，譬如极微二尘相邻，一切体分全无间隔，则杂一处。若如后说，则有支分，故成世俗。此是《中观明论》所说。显示过难究竟界齐，即于分及有分观一异破如破他生，亦说众多违害理门。智藏论师《二谛论》中破实有时，根本道理即破四生，其究竟违害，亦与静命父子相同。此等皆是随行龙猛广大理路，乐于正理求广慧者，应当修学。若知自续宗中此诸道理，余宗道理亦易了解，故不广说。

辨了不了义善说藏论 卷肆

丁二　应成中观师如何解释圣者诸论分二

戊初　如何解说人法有无自性

戊二　显示破胜义有以何正理而为上首

初中分三

己初　说破人法自性之差别

己二　明此是释圣者意趣不共之理

己三　断除此理与经相违

初中分二

庚初　明破自相之性是其差别

庚二　明所破已显示彼无

今初

佛护论师造《中论释》，清辨于彼虽出众过，然未宣说二无我义有所不同。《观音禁》亦云："于名言中了知内外缘起如幻能作所作，于胜义中知无自性，即圣父子清辨、佛护等宣说，中道诸师显示般若波罗蜜多之理。"此说名言幻有，胜义无性，二师相同。智藏、静命、莲花戒等，亦未宣说佛护、月称宗与自宗中无我有别。月称论师则许佛护如实解释圣者意趣，与自建立胜义世俗理无差别。然说自宗不共余中观师所释。《入中论释》云：“如除《中论》，余论解此空性法时，无不倒说。”如是智者定当了知，我等此宗所说诸法及答诸难，如空性法，非他论有。故有说云，经部宗师说为胜义，即中观师许为世俗，当知此说全未了知《中论》真实。”于婆沙宗，亦如是说。其后又云“以出世法等同世法，不应理故。故诸智者，当知此宗是不共法。”此以自宗不共余中观师为因，若说下二部所说，胜义许为中观世俗法者，安立彼尚未解中观真实。此中理由，谓自宗中虽于名言亦不许有自相法故，以彼皆是从自相上而安立故。于二谛中随失其一，亦失余一，不坏二谛出世间法，与坏二谛世间之法，随在二谛何谛相同，皆不应理。故圣者此宗，非仅胜义，即在世俗，与实事宗亦不相共。《二谛论自释》引颂云：“余所许胜义，即他许世俗，如余许为母，亦许为他妻。”疏虽说为龙猛所造，然依《入中论释》即知其非。其疏造者，传是静命。或是同名，或是附借，然非制造《中观庄严》等论者，以此说造论所为，《摄量真实疏》中破故。《二谛论自释》说：“能取所取，如其显现，若谓全无，既违现量，亦违世间。”疏解此义为应理故。又《入中论释》出他难云：“由胜义无生故，破自他生。然色受等现比所得，此等自性定从他生，若不许此，何说二谛，应惟一谛，故有他生。”此是上文破自相因果时，谓于胜义破彼，而破他生，虽应道理，然于名言有自性生或自相生，须许他生。若不许此，则于世俗亦无谛实，应无世谛。为答此难，于二谛中如次成立无自相生。此是对许胜义无生，及于名言有自相生之中观师而为成立，非对实事诸师。中观二师既有如是所破差别，故不应说月称论师何故于彼特别破斥。

庚二 明所破已显示彼无分二

辛初 明分别俱生增益所执显示彼无

辛二 依声闻藏解释佛说二无我义

今初

若尔，如何执著是执自相有耶？此当叙说诸宗所许。谓如云此补特伽罗，造如是业，受如是果，立假名时彼必追求补特伽罗假名之义，为即自蕴是补特伽罗耶？抑离诸蕴别有义耶？若于一异义等，随得一品而为补特伽罗安立之处，乃能安立造业者等。若无所得，即不能立。是故若觉补特伽罗惟假立名，犹不满足，而更观察寻求彼名假施设处，为是何事乃可安立？即是安立补特伽罗为自相有。自部婆沙乃至中观自续诸师，皆如是许。如是安立色受等有为无为一切诸法，下至经部，于遣质碍惟无遮上安立虚空，凡是许为以量成立立为有者，皆须寻求各各名言所诠之义，为如何有寻求之义？若无所得，即便不能安立为有与彼相违，乃立为有。《因明论》中，惟有作为，说名自相。《对法经》等如火热性表不共他，说名自相。与此由自相有，所说自相，极不相同。月称师宗，由如是门所立之有，虽于名言亦不许可。自宗安立名言之理，如《明显句论》云："复次，所依之身及所依头，其能别法依者碕钴（译音）、依者罗睺，皆是世间名言支分不观察有。犹如假立补特伽罗等皆可有故，此喻非理。"此谓他云：如世间说碕钴之身、罗睺之头，虽离身头，无异能别，然就分别，可有事（所依之事）、法（能依之法），如是说坚为地自相，虽离坚硬，别无有地，然亦可立如是言说。次答彼云，由说身头遂起觉心，缘取彼二为所别事。次欲了知是谁之身、谁之头耶？说者亦为遮遣非是碕钴、罗睺所有身头，随顺世间言说而说，碕钴、罗睺为能别法，除听者疑，可为应理。然无有地，非是坚硬，而云坚性是地自相，无有如上疑可除故，法喻不同。答后又说喻不成过，其所别事所依身头、与能别法能依碕钴及罗睺罗，于世名言相异而有，故说彼二为无异法，喻不得成。

此中若求何为施设假名所依，而无异义可得，惟于罗侯之头名罗睺故。若求碕钴与碕钴身，亦无异义可获得故。其论后文复设问答破彼执云："设作是言仅见尔许，然离身头无余异义，故喻得成。答云：非尔，世间名言无有如是观察转故，世间诸事皆不观察立为有故。"谓他诤云：就听者前，虽有尔许事法然观察彼名言义时，离身头外别无碕钴罗睺可得，故彼事法仍不得成，此是前说他宗立有诸法之轨。答云，所言有者，就世名言，彼非如是观察而立，是无观察而安立故。

若观察立则不能立，于不观察安立之理，论后又云："犹如观察，则离色等别无异我，然依诸蕴世间世俗许此是有，罗睺、碕钻亦许如是，故喻不成。”此说安立补特伽罗之理。谓如说言，天授之色、天授之心，若观彼名所依天授及彼色心为如何有，非彼诸法即是天授，亦非离色心等有余天授可得，非有推求所得之义，可立天授，故云无我。此乃无有自相天授，非是天授都无所有，以依诸蕴世俗有故。前二譬喻亦如是立。

安立诸法之理，论后又云：“如是观察，则离坚等，别无地等异体所相。离所相外，亦无异体无依能相。虽则如是，然世俗有。故诸论师，惟依互相观待门中安立为有。”此说安立地与坚等能所相时，若复如前寻求能相所相名言所诠之事，有所得义方安立者，则皆不能立彼二相。惟由互相观待门中立彼为有，定当受许如是安立人法之理，并其因相。论后又云：“此惟如是定当受许，若不尔者，岂非世俗亦具证成。应真实有，非世俗有。若以证成道理观察，非仅无有碕钻等法，若尔云何？谓以后说证成观察色受等法亦无所有。故亦当许彼等诸法，如碕钻等非世俗有。然非如是，故此非有。”此说依缘假立之理，当知犹如《入中论》说。若于如前观察所得之义而安立者，即是以观察真实有无之理而为安立，说彼应是胜义中有，非世俗有。故自相有即胜义有。

若尔，如《二谛论》云：“如现即性故，观察不趣此，若观察有失，其义成余故。”中观自续诸师岂非亦破以诸正理观察所得立诸世俗，故名言有不以正理观察而立，云何说为汝之特法？如此诤问，是未能辨中观两派，如何观察，是观真实有无之别。应成派师如前观察，即许是观真实有无。前引诸论并数宣说，凡有皆是惟名惟表惟言说故。言惟名者，谓名言义，如前寻求皆不可得。非说有名而全无义，亦非说无非名之义。此虽非许凡由施设名言之心所立一切皆名言有，然未由其立名言心增上而立，则定不许为名言有。

中观自续诸师，惟名言心增上之力，不能安立色受等法。要于无损根识等前显现增上，乃可立为名言中有。故由心增上安不安立，其心亦有最大差别。若非由如是心增上而立观察诸法，由其自体增上有无等乃为观察真实有无。惟以前说观察之理，则非所许。故名言中许有自相。故于经说："惟世俗名，惟有表示，惟是假立"。"惟"字所遣，亦不相同。

若尔，世间亦有众多观察，如来、未来、生、未生等。答如是问，岂不可说来与生耶？如此寻求观察道理，与前不同。此非于往来作者及往来名言，惟以如是假名安立而不满足，更求施设彼名之义而问往来。是于寻常往来名言，而作寻常观择，许此观察有何相违？如是观察名言诸义执有自相之性者，非是俱生我执执著之相。于生死中缚有情者是俱生执，须以正理正破彼执。云何是彼执著之相？谓执著内外诸法，非为名言增上而立，由自体有。若于祠授等补特伽罗起如是执，是为补特伽罗我执；若于眼耳等法起如是执，是法我执。由此亦当了知二我。

如是我执，虽非观察名言之义而起执著，然如此执其境若有，观彼名言所施设处为如何有，能观察智须有所得。故无分别俱生我执及彼境界是为正理正所应破。与诸余论说观察破亦不相违。故不应执惟破分别我执及境。未受邪宗熏染，有情及不善解名言有情，虽未能知非由施设名言之心增上而立实有之名，然有其义。若不尔者，二我执义亦应非有。

诸瑜伽师及中观宗自续诸师于人法上由遣何事立为无我，所说二我及执著相，义虽不同，然在此宗由有法事分二无我，所无之我不许不同。《入中论》云："为度众生说无我，由人法别分为二。"此由人法差别而分未说由其二我而别。《四百论释》亦云："所言我者，谓即诸法不依他性，无彼自性说名无我。此由人法差别为二，谓法无我及人无我。"不依他性者，谓非惟名假立，由义自体而有即自然性。

若谓自部下自婆沙，乃至中观自续诸师，凡许由量所立之义，即许是由自相而有。前说诸瑜伽师于许假立色等自性差别遍计所执为实有者，破自相有，而许假名安立为有，即犯相违。答云：无过。彼是由其假名安立说无自相，然彼非许寻求自名所依设事为无所得，故有此宗所说有自相执。彼等书中说假安立自性差别惟假名者，亦是彼二于心显现，如现异体能取所取无如是义，许为假有。故与此宗惟名假立极不相同。

辛二　依声闻藏解释佛说二无我义

诸瑜伽师及中观宗自续诸师，谓小乘藏中未说法无我，大乘所说补特伽罗无我，较声闻部之所抉择亦无过上。此二师宗违彼而说。初声闻藏中说法无我之理，如佛护云："世尊宣说诸行无我，譬如幻事、谷响、影像、阳焰、梦、沫、水泡、芭蕉，此中全无真如，或无谬真如，皆是戏论，皆是虚妄。又说一切法悉皆无我。言无我者，谓无自性义，以言我之名即自性句故。”此说五蕴无我之喻，如其次第，如水沫、水泡、芭蕉、阳焰、幻事，又云此等皆是虚妄。又声闻藏说一切法皆无我者，明一切法皆无自性，以我之义即自性义故。《入中论释》引声闻乘经云“色蕴同沫聚”等，说法无我。《六十正理论释》亦说：“遣除无见，声闻部中亦极显了，故今不说彼理。遣除有见惟一胜谛，谓般涅槃无欺诳法。彼虽亦说一切诸行皆是虚妄法等，然未数数无间一处而说，故说彼正理。”清辨论师于此破云，彼诸喻者，明似人我而实非有，是人无我，非法无我。我之名义，非法自性，是补特伽罗我。若声闻乘说法无我，则大乘法便成无义。《入中论释》云：“大乘法中非惟显示法无我义，亦说诸地波罗蜜多及诸大愿二资粮等，故非无义。”并引《宝鬘论》证。月称谓此亦是论师所许，引《中论》云：“世尊由证知，有事无事法，迦旃延那经，双破于有无。”又云：“若法性欺诳，世尊说为妄，诸行欺诳法，故彼皆虚妄。”而为证成。《六十正理论》云：“若诸佛宣说，惟涅槃谛实，尔时诸智者，谁说余非倒？”谓于性空无自性义，若作余解，以虚妄义为出过难，用《中论》文成立彼义而为决定。故声闻藏说法无我，定当许为圣者意趣。虽则如是，然不能成声闻藏中，未说诸法有自相性，亦有多处作是说故。

补特伽罗无我者，自部大小乘诸余宗，谓补特伽罗无异蕴相自立实体许为无我。其中道理，谓我执之事我如蕴主，蕴如我仆。云我之色我之受等，即执诸蕴是我所有，我主宰故，犹如主仆，现似自立异于蕴相。若执如是而有即执实有。若能破彼，则补特伽罗惟于蕴假立，“惟”字遣除有离蕴我。假立之理，如《分别炽然论》云：“我等于名言中，亦于识上设立我名，谓识是我取后有故。”又说于身及诸根上亦假立故。次引经说，如依支聚假立名车，如是依蕴设立有情。又引教证，如有经说，若伏其心便得安乐。亦有经说，由调伏我当得善趣。其能立理，谓能取蕴者即说为我，识取后有故立识为我。此师不许阿赖耶识，故取身之识，许是意识。余师不许阿赖耶者亦与此同。许阿赖耶者，则以赖耶相续为补特伽罗。彼等如是许补特伽罗我之教文，恐繁不录。

月称宗说，虽破如是实有补特伽罗，然未能破补特伽罗非惟名言假立由自体有。若执有此，即是补特伽罗我执。以执补特伽罗是谛实故，如法我执。又能自主实有之我，乃是外道遍计别有内身离蕴作者士夫邪执之境，纵证无彼，见后修习，然于色等如前执实不能稍减。由执诸蕴谛实，所起贪等烦恼，亦不能灭。《入中论》云：“汝见无我诸瑜伽不能通达色等性，缘色仍当起贪等，以未通达彼性故。”《六十正理论释》亦云：“若见色等有实自性，彼等虽欲断诸烦恼，然彼烦恼定不能断。”为显此故，颂云：“诸心有所住，惑毒岂不生，若时虽处中，亦被惑蛇咬”。言所住者，谓有自相起实执之境。余师安立补特伽罗假有之理，亦非声闻藏中“如依诸支聚，假名说为车，如是依诸蕴，说世俗有情”所说之义。以依诸支所立之车，即非其支，如是依蕴假立补特伽罗，亦非蕴故。

若谓如依支聚，假立名车，惟彼支聚即是其车，蕴亦应尔。若依彼假立，应许非所依事，如大种为因，假立青色及眼根等。瓶等亦与我同，故彼等亦无不定过。《入中论》云：“经说依蕴立，故蕴聚非我”。若谓经说“若诸沙门，婆罗门等，见有我者，惟见五蕴”，此说蕴是我见所缘，由是当许蕴等是我。答：此非成立蕴是我见所缘，惟字仅遮离蕴，别有我见所缘，以余经说：“色非我等”，于一一蕴破是我故。《入中论》云：“由佛说蕴我，故许蕴是我，彼遣离蕴我，余说色非我。”萨迦耶见之名义，即以此文亦当了知。此等是明俱生我执共有所缘行相二境，其所缘境于名言有，其行相境谓执彼我为自性有，即是执我由自相成，此于名言亦无所有。俱生萨迦耶见我所执之所缘，谓我所事。行相，谓执我所是自相有。设作是难，若谓诸蕴非是俱生我执所缘，则经破云“色等非是我”亦不应理，以彼非是俱生我执萨迦耶见境或事故。答：执蕴与我若一若异，俱是分别我执，非俱生执，故无彼过。然如俱生萨迦耶见所执若有，亦必不能超出一异，故作如是观察而破，亦应正理。

此等显示有能立教而无违难，次出正理，谓诸蕴等是我所取，我是能取，则识或余蕴理皆非我。若不尔者，作者与业应成一故，此亦即是菩萨意趣，如《中论》云：“若柴即是火，作者业应一。”又云：“由火与柴理，我与所取事，瓶衣等一切，无余尽当说。”《中论》又云：“取如是应知。”此说业与作者互依假有，非自性有。取与取者，亦如是立。譬如由眼见色，能善立云，祠授见色。由祠授观色，能善安立云眼观色，然亦不违见色之眼非是祠授，观色祠授亦非是眼。如是眼痛眼愈，虽能立名我痛我愈，亦能立名我眼痛愈。然非由世名言，安立彼眼为我我所。由此道理，我与所余内外诸处互相依托立闻者等，亦当了知。《入中论释》说："外道由见眼等诸法，不可立为补特伽罗，故许离彼别有实体能见者等补特伽罗。自部余宗由于异体见有过难，故许识蕴或余蕴法为补特伽罗。诸能无倒解佛语者，通达惟有名言假立别无自性，便当解脱。"此须惟于假有，即善安立造业及受果等。故补特伽罗无我者，如《入中论本释》抉择经说："如依诸支聚"等所有意趣，七相寻求补特伽罗名言之义，于无所得无自性义许为无我，故与他说有大差别。此亦即是佛护释中根本意趣。

己二　明此是释圣者意趣不共之理分三

庚初　说证无我与粗细我执等不共差别

庚二　安立外境不许阿赖耶及自证分不共差别

庚三　不许自续不共差别

今初

如是寻求我法名言之义，于一异等无少可得，然云祠授，及云眼等此诸名言定须安立，故无不由名言增上所立之自性，名言增上安立有中生死涅槃一切建立，亦即应理。如是建立二谛，即是佛护、月称论师，解圣父子所有意趣，超出余释无上胜法。

名言所有及生灭等，皆由名言增上如是安立，如《正摄法经》云："善男子！世间由耽著生灭而住，大悲如来为断世间恐怖处故，由名言增上说生说灭。善男子！然于此中无少法生。"《七十空性论》云："佛由世名力，说住或生灭，有无劣等胜，非真增上说。"如《般若经》等亦说："世间名言中有。"故中观师须于名言安立。世间名言，虽亦安立从诸种子生苗芽等，然非寻求彼名言义为从自生或他生等，是无观察而立。圣者亦惟作如是说故。

世间名言无观察者，义如前说。此宗安立补特伽罗之理，以于离蕴别体及于惟蕴聚等安立补特伽罗，定非世间名言义故。世间安立我及我所如主仆故。补特伽罗及法，于胜义无及世俗有理皆如是。二无我义亦如此说。若有宗派许有法我，亦无通达补特伽罗无我之处。《入中论释》云："若于法上未舍我执，亦不能达补特伽罗无我。"故声闻独觉，亦须通达二种无我，此即圣者最胜所许。《六十正理论》云："有不得解脱，无不出此有，遍知有无事，大士当解脱。"此说若执诸法由自相有，是为有见。见因果等皆悉不成，是为无见。乃至未舍二见，不得解脱。由知有事无事真实，远离二边，当解脱故。言解脱者，不能说是解所知障，此说"不出此有"故。如是《宝鬘论》亦云："世间如阳焰，谓有或谓无，此执即愚痴，有愚不解脱，有见往善趣，无见堕恶道，遍知真实故，不依二解脱。"此说解脱生死，俱须远离有无二边。故如大乘中有破异体能取所取，说法无我，于二空识未破自性，及有于彼亦破自性说法无我、粗细二种后为了义，如是声闻藏中，亦说粗细二种补特伽罗无我，当许微细无我，是为了义，理相等故。

由是因缘，安立我执，为二障之理，亦有不同。余中观师立法我执为所知障，此宗许为烦恼障故。如佛护云："由见有情为种种苦之所逼恼，为解救故欲如实说诸法真义，故造本慧。（《中论》名）其真实义，即无自性。由愚痴暗障蔽慧眼，遂于诸法分别自性，而生贪嗔。若时了知缘起，发生光明破除痴暗，观见诸法悉无自性，无依处，故贪嗔不起。"为证彼义引《百论》云："识即三有种，诸境识所行，若见境无我，三有种当灭。"此说贪嗔所对之痴，即实事执及三有种。要灭此执须见无我。又说即见诸法无性。故许执有谛实人法，即染污无明。《百论释》亦云："由识增益诸法自性，染污无知增上力故，遂于诸法妄起贪著，而成流转生死种子，由彼一切毕竟灭故，即便立为生死还灭。"《入中论释》亦云："诸法无性，无明增益，于见自性障蔽为体，说名世俗。"又云："由是因缘，有支所摄染污无明增上力故，立世俗谛。"此显然说执法实有，即十二支中初支染污无明。此俱生无明中有人法二种我执，其俱生人我执亦是染污无明。故有时说无明为生死根本，有时亦说俱生萨迦耶见为本，俱不相违。俱生我执之所缘，即是执我之事。若执他身补特伽罗为自性有，虽是补特伽罗我执，然非萨迦耶见。此理亦是圣者父子最胜所许。如《七十空性论》云："因缘生诸法，若计为真实，佛说是无明，彼起十二支。”此说由知诸法自性本空，能灭无明，从此亦灭十二有支，由前同类无明而生后支，故有十二。《百论》亦云：“如身根遍身，痴遍住一切，故一切烦恼，由痴灭皆灭。若见诸缘起，愚痴则不生，故尽一切力，惟当宣此语。”此说灭三毒中之无明须见缘起。缘起义者即性空义，此宗亦曾多次宣说。是故一切中观道理，皆是破除生死根本无明行相之支，当知自身俱生无明，如何执著精勤断除，不应专好与诸宗派巧于诤论。

若尔人法俱生我执，无有二种不随顺相。诸自续师所说彼等为是何执？其执补特伽罗不顺蕴相自立实有者，是执离于手足等法别有实体补特伽罗。未由邪宗染污心者，即无彼执。如《入中论》云：“何故世人惟下种，便云此子由我生，亦觉此树是我栽，故世亦无从他生。”佛护亦云：“惟下树种，待树生时，便指树曰，此是我栽。”不执彼二，为有异体。若不尔者，应指所生柏树，而云我栽桦树。以如是理例可说云：“何故世人手痛时，而觉我痛，故彼二世间亦非有异体。”此等非惟世间作如是说，须如是许。若由所栽种与所痛手，非是彼树及补特伽罗，而不能立为栽彼树、及补特伽罗痛者，则彼二法成无所有，一切建立皆当失坏。由此道理，当知自续所说俱生法我执，惟是分别。若尔，何为所知障耶？《入中论释》云：“无明习气，能障决了所知。贪等习气，亦是身语如是转因，以彼无明贪等习气，亦惟成佛一切种智，乃能灭除，非余能灭。”此宗诸教及圣父子无诤论中，未有较此更显然者。言身语转者，谓阿罗汉有身语粗重，如猿猴跃，呼他为婢。大师虽遮终不能断。言亦是者，显贪等习气亦能障碍决了所知。故一切烦恼习气皆是所知障。其果现似二取相等一切乱分，亦是彼摄。习气自体，如《入中论释》云："若法于心薰染随逐，说名习气。烦恼边际、薰习、根本、习气，是诸异名。"断除此所知障，虽除前说通达真实之道外，更无有余，然方便支有具不具，时有久远修未修习，故大小乘有断差别。由诸经中明二我执及二无我粗细差别，说有多种。二种我执，既有不同，故见无我能脱何障，亦有多种不同之理。此等了不了义之别，由前所说亦当了知。

不许阿赖耶者，其习气建立，与住相、体性，最难了解，虽应解说，然少则难决，多恐繁累，故不开说。

由于人法如何安立二谛之理有所不同，彼二无我亦有不同，故大小乘证不证彼，及二我执二种障等，皆不同余宗，为此特法。

庚二　安立外境不许阿赖耶及自证分不共差别

安立诸法及补特伽罗之理，既如前说，故于名言不能判别，有预流等补特伽罗，无地狱等补特伽罗，以于胜义二者俱无，于名言中二俱有故。如是蕴界处法，亦不能判谓无色法，有心心所，以于二谛有无等故。

余中观师，有说外境与识俱有，有中观师及唯识师，说惟有识而无外境。然彼一切凡说为有，即有自相，若无自相，即说为无。此宗虽许外境无有自相，然不于彼说无外境，故不相同。故任何法，若能了知，虽无自相而立为有，即能善解，不可分判境识有无之理，若不知彼，即不能解。故破极微无有方分，由无彼故，亦无由彼集合粗色，粗细俱无，故无外境。《百论释》说：“此等道理虽能破除无分外境，然不能破外境为有，圣教世间俱能于彼作妨难故。”

《十地经》说：“三界惟心。”“惟”字简彼非是经义。经自明说破离心外世间作者，与清辨同。经说“外境悉非有”等，月称非同清辨师说此经非破外境，而释彼经虽破外境然非了义，故不说《十地经》是不了义，而破彼云非是经义。于《楞伽经》则不说彼非是经义，而云彼经是不了义。

《般若经》中宣说五蕴皆自性空，无有差别。对法则说五蕴皆有自相共相。应如是许，意以识与境若观名言假立之义，俱不可得。若判彼法有无差别，既违世间名言，亦违胜义建立，故于二谛俱为失坏。如《百论》云：“说一有一无，非真非世间，故不可宣说，此有彼非有。”此亦即是圣者意趣。又云：“宣说大种等，皆是识所摄”等者，义如《释论》中说：“谓色心心所不相应行，皆由能缘自识安立行相，而立大种等。未立行相，不能安立有少法故。故大种等是识所摄，以惟由识所安立故。若时现证识梵，无自性生，尔时由识所立种种皆当灭离，犹如形灭影像亦灭。”故彼论文非破外境。

又不许阿赖耶识亦无过咎，谓业感异熟须经长时，然第二刹那其业即灭，从已灭法不能生果，故许阿赖耶识为业果所依。然无自相能立有事，安立已灭为有事法，亦极应理，故不须许阿赖耶识。《入中论》云："由许非灭自性有，故无赖耶能有此，有业虽灭已经久，当知犹能生自果。"若于世俗亦破自相而能安立无性因果，非但双于二谛易除常断二见，即不许阿赖耶识亦能安立业果系属。《入中论释》云："是故如是于二谛中俱无自性，非但远离常断二见，诸业已灭虽经久时，与诸业果而相系属，不须妄计阿赖耶识相续，及不坏得等，亦皆应理。"言是故者，谓承前说从无自性，生无自性，不许阿赖耶识。虽亦须释最后死心及初生心不成等难，月称意谓由知此理，余亦易了故未解说。今恐文繁，兹亦不述。由许外境故亦不立阿赖耶识，若许彼识则亦须许《辨中边论》"识生变似义，有情我及了，此境实非有，境无故识无"所说义故。

成立已灭为有事之理，是《明显句论》及《六十正理论释》所说，《中论疏》中兹当广说。由许灭为有事，故立三世亦有最大不共差别。

许自证者，及破自证，《入中论本释》作如是说："先未领纳必不生念，故念惟从领纳而生。如云先曾见此，是追念境。若云我见，是念有境。故先缘青色之识，亦有领纳。此复若是余识领纳，则彼仍须余识领纳，便成无穷。若谓前识是后领纳，则彼后识应不能决余色等境，故须自领，以领纳中二决定故。故由后念，成立领纳前境自证。此中若依实有增上，彼念非有，等同所立。若依名言增上，则自证分他不极成（自证是后陈法）。彼与后念不成因果。如以有水火成立定有水晶火晶，与由有念成有自证，二者相等。"此是以果为因，就以自证为所立法而破。若如是立即无同喻。若立量云“能取青识有能领纳，以于后时有能念故，喻如青色。”此喻虽有因法随转，然不决定。此亦等同以自证分为所立法，仅未明说。若以惟立有能领纳，是已极成。故未直说与彼相等。

自宗虽无自证，然有念生而无相违，如云：“由何领境离彼外，我不说有余念法，故起念云是我见，此亦随世名言规。”前说执著，若无自证生念相违之理，非以此遣。此说依于生念之理，即坏执前为自证分。谓彼难云，前见青色，后生念时，云我先见，即前所见忆为我见。若非前取青识，自领纳自，如是忆念应成相违，故前领纳即自证分。答：此念非由自证力生，是由前领青境，与后生念，同于一境转趣之力，故生念云，谓我先见。为成前取青识所领所决，非后取青之念不领不决。故云：“如我所许，领纳与念非自相异故。”惟如汝理，则慈氏所领近护亦应忆念。故此二法，若如他宗，有异实体，则俱生心应执为异。如是于前青识所见，后念不应执为已见，领念二心一境相违。故生念云，是我先见，亦成相违。若如我许，彼二非实异体，其俱生心，亦无彼执。故前所决境，念为我决，亦不相违。此即由前领纳牵引之力，而于境转，无自然力而决断境。故起彼念非有余缘。故于名言不许自证，亦由名言破除自相，是究竟理。又领纳中，虽未明说自领他领二品之中决不决断，然意趣谓不能决断。如不许灯自能明自，而许是明，故自明他明二不决断。若谓灯不自明，而无量不成过，识不自知，则量不成，故不同灯。他若难云：灯不自明，不由他明，其明不成。复无余量而能成立，故量不成，当有何答？虽俱不由自他而明，能照瓶等，故明成立。若尔，识亦相等。若谓知境须仗自证，若无自证，知境不成。灯亦应尔。若谓我等许灯自明，此不应理，无暗障故，黑暗亦应自障蔽自。若许尔者，应不见暗。总之由依所知假立为知，非自相有，所知亦然。由是因缘非惟二名互相观待，其义亦惟互待而立，是故不许有自证分。《回诤论》云："若不待所量，谓量由自成，应汝所成量，自成不待余。"亦应了知破自证理。

若尔，念云：我昔见青，其我即是补特伽罗，缘青之识与彼相违。如是念时，云何是念缘青识耶？缘青眼识与见青色补特伽罗，二虽相违，如依彼识见青，而假立云我见青色，无有相违。如是依于忆缘青识见青，谓我见青，即此忆补特伽罗念，为忆缘青识念，何违之有。

庚三　不许自续不共差别分二

辛初　破自续之渐次及明他派如何解说此义

辛二　自宗有立所立之因及无自续因之理

今初

诸经论义，若如是解，当许自续，若如彼解，则不可许。此义虽是经中所有，然就已译自教诸论，观察自续应成当何所许，及说自续非理应成符理者，除月称诸论及随行者外，皆未明说。

渐次者，谓于佛护解释“诸法不自生”颂义，显无清辨所出过时。《明显句论》中，说佛护师不许自续，及成立中观师不应用自续，并许彼者有多过难，开此车轨。《百论释》中，破护法论师时，亦略宣说破自续之理。

清辨论师未谙佛护许否自续，与自不同，是想定许自续为宗。由是因缘，故亦不许自与佛护破人法自性，其所破事更有差别。清辨后学《观音禁》论师，了知《明显句论》解释《般若灯论》中破佛护时，应释月称说清辨过为转不转。静命师徒等，亦应解救月称破自续之过，然皆未解说。总以此二论师，虽于名言亦破自相，于无自性中因果等法一切建立皆极应理。此复由许世出世间诸缘起故，即以缘起为因，破彼所破。此说正理，是诸理中深细究竟，尤以破自续理最为微细。

此中有论师云：“若立所立因及决定，由量成者，自续之因则为应理。然无彼事，故自续宗不应道理。此中若以立敌共许由量所成而为因者，不应道理，立者量成，敌不知故。以彼现比皆不能知他心差别故。即自量成亦不能知，自纵决断有误谬故。”此极非理。若尔，则就他许而破亦非道理。他如何许非自知故，以不能知他人心故。自出过破亦不应理，纵决为过有误谬故。其说决定，非由量成之理，谓现量仅见灶上有烟决定有火，非能通达一切时处，凡有烟者决定有火。比量亦不能知一切时处，凡有因上，定有所立之法，故惟以世间共许成其决定，非由量成。此亦极不应理。倒执《正理论》中成立决定之理，而妄破故。以于灶上成立有烟决定有火者，谓成立灶上有烟，决定灶上有火，非论义故。若不尔者，则于有烟之山，应以灶有烟之因，成立灶上有火；以山有烟之因，成立决定有火时，凡为因者，定为法所遍故。成立之理如汝前说故。故言灶者，是凡有烟，决定有火之事，其决定者，是于彼事所决之义。若如汝许，则彼决定，谓于何事决定，应当更说同喻有法。如是以所作因，成立声无常时，于瓶等上成立决定者，岂是成立瓶之无常，遍瓶所作。未加时处简别而云此处此时之烟及所作，仅于有烟及所作，成立决定有火与无常者，即是遍于一切时处，决定无误之方便。故于彼义不应倒执。更有随顺此理许一类因者，如被水漂而攀无根之草。

如是有破事力之理，或于境义无谬之量，而立世许无观察量。说破他之过于自不转者，谓自宗不许正理观察，他宗许故。此是未解观察世俗及胜义中有无之别，亦未了解中观两派观察真实有无之别，亦未了知如前所说寻求名言假立之义，皆无所得，惟于假名立因果等。故虽数说，纵于名言亦无自相，然亦惟有空言而已。

复有许云，一切全无量所立义，惟依他许或许究竟，以能破理破其邪执，惟破实有非立无实，是为不许自续宗因之义。

复有说云，凡依世俗胜义一切建立，皆就他而说，非自宗有，即说此语，亦惟就他，非自乐说。

此非昔时破自续者之所有，惟后人说。更有一类反许此宗不共所破。多数亦破量立缘起。适成此宗上首敌者。此等立破，《菩提道次第论》中已广说讫，故不更开。

辛二　自宗有立所立之因及无自续因之理分二

壬初　有立所立因之理

壬二　不许自续因之理

今初

自宗义谓若许自相，如《解深密经》所说者，则定须许自续之义。譬如自部实事诸师及清辨等。若于名言亦不许有自相之法，则定不应许自续义，此亦因为须破微细所破事故。又此非是由见名言若无自相，而立自宗能立所立、能量所量有相违过，故不许自续。是如《入中论本释》观因生果为会不会，设双关破。成立彼过，惟于他转，《释论》说云："若如汝许能生所生，是有自相，则于汝义，此观察转。"谓许因果有自相者，则有双关观察过转。若许如幻无自性者，则无彼过。

他于能破，出相等过。答云："能破所破为会破，抑未会破此过失，若有宗者有斯过，我无宗故无此失。"本论说彼二不同之理，谓我无宗。《释论》则云："能破所破俱无性故。"此说"无宗"，为不许自相或自性之义，与上观因果不同之理同是一义。《入中论释》即于此处引舍利弗观察而问须菩提云："为以生法得无生得，抑得生得？答：二俱不许。次问：为无得无证耶？答云：虽有此二，然非由二相。次说彼二及预流等，皆就世间名言而立，于胜义中无证无得。"释中说云："此中由犯二种过故，破得生法无生法得。然于无事彼二非理故，是无观察于世名言，许得所得。如是能破所破，虽亦非是会不会破，然于名言当知能破破其所破。”又云：“性空能破破其所破，离诸证成性空正因立其所立。”此说一切能立能破，皆如二位尊者问答而许。其中“得”者，是所得法观察问得何所得时，答俱不许。问无得所得者，是执观察无得，即是观察破彼之义。言“虽有”者，谓理智未得非是遮破，故说为有。言“非由二相”者，谓如观察问生无生得，如是二种俱无所得。以下诸文谓二相观察无所得者，是胜义无。不观察者，即名言有义。此虽甚显，然观未观察之界限犹难了知，故当善知如前所说四种观察。言于无事彼二非理者，义谓若许是有自相，或许非惟名言增上假立是实有者，彼二观察可为应理。然于无事或无自性，则彼观察不应道理。故《明显句论》亦破能量所量是有自性，说是互相观待而立。《回诤论自释》亦说，虽无自性然能成立所立，并说譬喻。总如论云：“若谁能有空，彼一切得成。”谓如数说若于何宗，空无自相之性生死涅槃一切建立，皆悉应理。若执正因成立所立，及以能量量度所量，能所作用不应理者，惟显自慧轻浮而已。

又《回诤论》云：“若我有少宗，我则有彼过。”此义是说，若谁有宗彼即有过。又云：“然我全无宗，故我惟无过。”此义是说，我无此宗故过非有。此中言“宗”及“所立”者，义如《入中论释》所说（是立有自相或有自性为宗）。《百论》云：“有无及二俱，若谁无是宗，虽长时于彼，不能说过失。”谓由无宗故不可设过。此如《入中论释》云：“于假有中说此二边不应道理。以是之故，依止二边，若破若答，于中观师，一切毕竟不得过难。”此说于无观察，惟由名言增上所立假有之理观察二边，终不可得能破之过，以观为得生或无生而与破难，不应理故。故此非是于无观察名言之中，不许能立所立之据。《明显句论》中说中观师不许自续之理由，“不许他宗故。”为证此义引前诸论。此亦是证中观论师不应许胜义有，或许自相不应道理。言不许彼或不应理者，谓自续因不应道理是破自续，非破成立所立之因。所说二边凡有三义，谓说所破实有及破所破其破实有，又说有自相及毕竟无，又如前说生无生二。

辨了不了义善说藏论　卷伍

壬二　不许自续因之理

若自相所成宗因喻皆无所有，依此增上非仅无有自续之因，即一切能作所作皆不应理。然破彼已，能立所立一切作用皆为应理。此宗不许自续之因及所立法，其理云何？《明显句论》中，以三种理解说此义。谓破自续之正理，如是正理他亦义许，所说众过自宗不同。此如清辨立云："于胜义中诸内根处定无自生，是已有故，如已有识。"破云，所言胜义，若简别宗，待自无益，以于世俗自亦不许有自生故。待他无益，以彼外道俱坏二谛，理应双依二谛而破，不加简别破尤善哉，于世名言破许自生不应道理。故待世间理亦不应加彼简别，以诸世间惟许从因而有果生，非更分别自他生故。又他所许胜义眼等，若于世俗亦破其生，尔时所依有法不成，犯宗因过，以自不许有胜义眼等故。若谓虽无胜义眼等，然有世俗眼等，故无过失。若尔所说胜义是谁简别，若谓世俗眼等破胜义生，是破生简别，此不应理，未作如是说故。汝意纵说，然有法于他不极成故。

救此过云："如佛弟子对胜论师，立声无常。惟可取总不取差别，取别则无能立所立，以取大种所造声为有法，胜论不成。若取空德声为有法，于佛弟子不极成故。故舍差别，惟以总声而为有法，如是此亦弃舍胜义世俗差别，惟取眼等而为有法，故无有法不极成过。"答彼说云："清辨自许眼等有法之自性，非颠倒心之所得。倒与无倒是正相违，显此等理而善破除。"

彼等义谓成立眼等不自生时，其有法中不能弃舍二谛差别，立总眼等。以能测度有法之量，是于眼等自性不错乱识。无颠倒识于彼自性不错乱时，其所得境必无虚妄颠倒所知实，无自相现自相故（此有二因）。

已许前因之理，谓凡是有即许为自性有之宗中，若待自所变现自相而成错乱，不能立为获得所量。故有无分别任随何量，然于现境著境自相，自成量处须无错乱。尔时，须于境义实体自性而成为量，非于名言惟名假立，是彼自许。若如是量所得之义，而是颠倒所知，则成相违，故后因亦成。如是若颠倒识所得之义，而是无倒所知，亦成相违，故不能遣有法不极成过。若作是念，如缘声之量，虽常、无常二品决断，然不须成立，以无常量或常住量差别之量，而为成立有法声之量。如是此识虽乱不乱二品决断，然说是成立有法之量时，亦不须辨彼二差别。又如其声常与无常二品决断，缘声之量，虽俱不得声常无常，然缘声而无相违。如是眼等所知颠不颠倒二品决断，推度眼等之量，虽俱不得眼等所知颠不颠倒，然缘眼等亦无相违，故说不可惟取眼等而为有法之理，皆不应理。

清辨师等，及说实事诸有智者，皆不致起如此疑惑，故月称师亦未解释。然在现世无知敌者则起彼疑，故当略说。观察彼义是否由量成时，言由量成者，若量是无分别，则谓彼义如现而有。若量是有分别，则谓彼义如其所著或如所定而有，当知彼义即所说境。此即无错乱义，由彼境界如自显现如自决定安立为有，即立彼识于所现境于所著境或所定境，为无乱故。故是事实决断，岂是由心成立而未决断。如是观待所现自相无错乱识所得之义，即安立为正确所知。故所知正倒，亦是事实决断，岂是于心而不决断？此是凡有即许为自性有之敌者由量成立之理，非自宗义。

故如自续诸师之义，如是眼等有法正确所知，虽是无错乱识之所得，然其名义，皆不须成二谛差别，即取彼眼为所别事，而可观察胜义有无。故于取总为有法者，观察二谛差别所说诸过，皆不能转。月称意谓如是有法即自性有，以彼即是胜义有义，岂有总体有法为所别事？故破弃舍差别，惟取总体以为有法。

若能了知此诸关要，则自续师说："同现然作事，有能无能故，正确非正确，为世俗差别。"然于内心不分正邪。应成师说，观待世间俱于心境安立正邪，然于自宗则不安立，此等理由皆能了知。

若谓于有分别及无分别现似自相而实非有，由此乱识安立有法，则其所立无自性义他已极成，岂可更为成彼敌者？故有法不成之过仍住未移。设作是难，若错乱识所得之义，与无倒所知有相违者，则比量智所得之义，与胜义谛亦应相违。若不许是惟颠倒识之所获得，是于自性无错乱识之所得者，一切世俗亦皆应尔。彼是如来尽所有智之所量故，“惟”字遮遣无乱得故。答：无初过，比量理智于所现境，虽是乱识，然彼所得非乱识得，无相违故。如所得螺声，是声是妄，然未能得螺声虚妄，无相违过。若观“惟”字所加之处，虽容生彼疑，然随说者欲乐，是欲遮遣观如何有观智所得，故说惟字，非遮无乱识之所得。《明显句论》云：“我等亦说，世间名言无须如是审细观察，惟以颠倒世俗得有我性。”

“所依有法真实失坏，是彼自许”句，余处解释与此处释虽有不同，然破自续宗义无异。

如是已破法义，今当破喻。谓佛弟子对胜论师，立声无常。虽彼二宗无有共量能成有法为大种造及虚空德，但望何处成量之总声，可说是有。成立眼等无自生时，自性空宗与性不空宗，若俱不量自性有无，则互不能说量度有法自性为何，故喻不是。

此中清辨师等自续诸师，不能立云，虽无离如是差别之总法可说，然不分别胜义谛实有无之别。惟取其总以为有法，以自性有，即谛实有之义故。所破限齐不相同故有上差别，故彼二宗成立声无常时，虽俱不成彼二差别，然可宣说其声是有。但彼二宗量声之量，于声何义而成为量，其量亦无（无有二宗共许之量也）。此依许自性有为立者而说。若应成师而为立者，对彼敌者全不分别自性有无，亦不可说以量成立有法之理。由是诸理，其因不成亦当了知。

清辨论师于他所立：“内诸处有能生因缘，以是如来如是说故”之因。问：如是说，若是世俗汝自不成，若是胜义于我不成，观察二谛而说过故。故审有法为乱不乱何识所得，观察差别而说过难极为应理。此之理由，如《入中论》云：“由见诸法有真妄，所得即为二体性，见真之境即真实，见妄说为世俗谛。”谓由见真实所知及见虚妄颠倒所知之识所得二境，即说彼为二谛义故。

若如此说惟以二谛观察因者，须问以何为其因义。若并未以彼二差别之总，而作三种观察之时，则须问其立何为因。

如是诸过，于自立量不同之理，则谓由自不许自续，自宗成立所立诸量，惟于敌者极成即可，以彼惟为遣邪执故。若疑随一极成犹不足者，则以世间诤讼为喻，说彼即足。虽许能立能破，俱须两共极成之陈那论师，亦许前说。以许自教相违及自比量，惟于自成即满足故。

《般若灯论》说他过时：“问，为依自在，为依能破？”此处所译“自在”与“自续”义同。故若不攀敌者所许，即以正量就义实体，自在成立二种有法。（前陈有法及喻有法）及诸因相，生比量智证知所立，是自续义。此对凡有即许自性有之敌者，于未成立所立之前，俱不分别自性有无，不能令解如是以量成立所量。故虽许因及所立法，然不许自续之因及所立法。如依缘起之因及影像喻立他比量，成立苗芽无自性时，非自不许苗是缘起，及凡缘起皆无自性，名他比量非共极成。是如前说由于敌者不能以量自在成立，是为自他不能以量极成之义。苗芽及苗是缘起等，是由俱生名言量所成立，立敌心中虽亦俱有，然于敌者前，彼与测度自性之量和杂为一，乃至未生正见不能判别。故立者虽能判别，然于尔时不能宣说。应成诸师，自内互相不攀所许，虽可宣说以量极成，然是名言增上所立之量，非是诸法自性增上所立之量，故非自续。如于苗上有三种执，谓执有自性，执无自性，及执俱无彼二差别。已生正见之身中，三种俱有；然未生正见之身中，惟有初后。若善了知此诸差别，则知正理，非破一切分别所取。又执身中未生见前修菩提心等，一切皆是执实执相。妄觉自身生见之后，一切行品悉皆轻舍，此诸邪见亦善遣除。故以他比量因成立所立，非惟他许便为满足，要自以量成立，他亦决定或他受许。若不尔者，则于所著境界错乱由彼不能引生通达真实见故。其名言量，是达胜义不可缺少之因。此即论说："若不依名言，不能达胜义"之义。

如此宗说，则清辨等自续诸师，许胜义有及谛实有，不可立为中观师耶？答：如虽了解彼是大腹，而未了解彼事是瓶，尚须量成不能说他已许彼事是瓶。又胜论师于瓶瓯上，离瓶支分别无异体有支之义，虽量已成，然不能说非许有支异体之宗。如是彼诸论师，以无量理破许诸法谛实之宗，自亦善许无实之义，故彼皆是中观论师。此说凡中观师不应许自续者，亦不相违。譬如制后苾刍，不应违犯佛制，然不因略违佛制便非苾刍。

己三　断除此理与经相违分二

庚初　断除违背《解深密经》

庚二　显彼不同《弥勒问品》

今初

《解深密经》由三相门，分别有无自性，及安立了不了义。余师所许如前已说。今此论师如何许耶？

圣父子论堪据者中，对于此义未见明说。佛护论师亦未明说彼义差别。《入中论》云："由此教显如是相，余经亦是不了义。"《自释》中云："何为如是行相经耶？谓如《解深密经》说遍计执、依他起、圆成实三自性中，遍计无性，依他有性。如是又说：'阿陀那识甚深细，一切种子如暴流，我于凡愚不开演，恐彼分别执为我。'此等如云：'如对诸病者，医生给诸药，如是对有情，佛亦说惟心。'此教显彼是不了义。"谓若分别初二自性有无自性，及说阿赖耶识，等字中摄说无外境，及说究竟种性决定，此说彼四皆不了义。其中最后是不了义，意谓由《集经论》成立一乘即能了知。故《入中论本释》惟以教理成立前三是不了义。此处之文，即是以教显不了义。

说惟心者有破不破外境之二。破外境经如说："外境皆非有"等。《楞伽经》说："譬如医生非随自乐于各病者而给诸药，是须随顺病者病相。如是大师宣说惟心，亦非自乐，是随所化意乐增上。"故显然说是不了义。

论次又云："如是佛于经中，说如来藏。"引经之后又云：

"如是行相之经，凡惟识师许为了义者，即由此教，显彼一切皆非了义。"《入中论疏》解此义云："以说如来藏是不了义为喻，显说惟心亦非了义。言由此教者，是《十地经》观缘起时，破余作者。"此解非理。以《自释》中，用说惟心是不了义为喻，证说如来藏，是不了义之理由，成立如是行相之经，凡惟识师许为了义，皆非了义。言由此教凡有二处，此处是引《楞伽经》中，说如来藏是不了义，及说无自性遍一切经。破余作者，是证《十地经》说惟心，"惟"字非遮外境，非证破除外境是不了义。如是行相经者，是如前引《解深密经》所说，非显宣说如来藏是不了义之经，惟识宗师许为了义，以于彼经两无净故。自宗此引说如来藏是不了义之经者，是为成立《解深密经》说阿赖耶非如言义，此中先须了知说如来藏非如言之义，如《楞伽经》云："顺有情意所说诸经，是权便义非如实言。譬如阳焰实无有水，欺惑渴鹿，彼所说法，亦为令诸愚夫欢喜，非是圣智安立之言。故汝惟应随顺其义，莫著其言。"又云："大慧问曰：有契经中说如来藏，自性光明，本来清净，具足成就三十二相，一切有情身中皆有，如摩尼宝垢衣缠裹。如是亦被蕴界处衣之所缠裹，而有垢染，然是常住、坚固、不变。此如来藏与诸外道所说神我有何差别？外道亦说常住、无作、无德、周遍不坏为我。"次答彼云："诸佛为除愚夫无我恐怖，及为引诱执我外道，说空无相无愿等句义，诸法无我，无现行境名如来藏，故与外道说我不同。现未菩萨，不应于此而执为我。欲令诸堕我见意乐有情、安住三解脱境速成正觉，为利彼故说如来藏，是为遣除外道见故，随如来藏无我义转。”因恐文繁，兹不广引。

此中密意所依，是法无我空性，为令舍离无我恐怖及为渐引执著我者，趣向无我。以此为因，成立说如来藏与说有我，二者不同。如是当知执有我者，想何而说即所说事。大师为想何义而说，其意趣义与所说义则大不同。执有我者说我常等，欲所说义于一切时坚固决定。大师所说是暂显有所说之义，后仍引趣所想之义。故辨彼二其说不同。此即显示，若于前说如来藏义如言起执，即与外道说我相同。如言违难亦即此义。不可如言而起执者，前引阳焰法喻，谓当随义莫著其言，如是等文极为明显。故由此经，而于余经如是说者，由显彼经密意所依，及其所为，如言违难，能不能成是不了义，诸有智者，谁复相诤。若不许此解而说于此经如言之义，显示正理违难，解释此经是不了义者，乃是印度智者教授故如是释，然非前经作如是说，惟是自露本性而已。《集经论》亦云：“如来为依所化增上，说种种乘，显示如此甚深法性。”结合之后，引前所引诸经。其以近辞，云此甚深法性者，指彼前文所引，宣说法无我空性般若经等。言所化增上者，谓所化意乐增上而说，即前所说“是令愚夫欢喜之语，非如实言”之义。

如言起执，与说有我相同之理，谓若非于破有自相及自相生法我戏论，所显空性无生无我之义，密意说为有如来藏。而执如言所宣说者，则彼之常，亦非惟遮可坏灭法立为无坏，故非观待破除所破而立。犹如青黄，现有自体而体是常。如是便与外道，说我是常住之理，无有差别。则当许为是常住事，此中违难，即大小乘破外道许常住有事，所说诸理。故彼诸师，亦皆不许如是常义。若许常义，非惟遣除有生灭法所显，而是有体，则暂非说二无我之法器，谓由破除二我戏论所显二无我性，故彼诸经为令除遣无我恐怖，及为引诱执有我者，如前而说。

故不了义总有二类。若为引诱自部有情，暂可演说补特伽罗共同无我，及法无我粗分之器，而令趣向真实义故，所说不了义法，于此如言极难出过。若如前说，为引他部执我有情或由前生多习彼见，暂且非堪具足演说补特伽罗共无我器外道种性，对彼所说不了义法。于此如言易显过难。如是由知说有常等如来藏法是不了义。云何能成说阿赖耶亦非了义耶？答：如《庄严经》云："地等阿赖耶，亦善如来藏，佛于如来藏，说名阿赖耶，劣慧者不知，藏名阿赖耶。"《楞伽经》亦云："说如来藏，名阿赖耶识，具前七识。"多说彼二惟是异名。由说彼二，一是常住，一是无常，故非说彼如言义同。然于何义，密意宣说名如来藏，即于彼义，密意宣说名阿赖耶。望所密意惟是异名，故义是一。由是因缘，故说前经是不了义，亦成后经是不了义。《入中论释》云："随一切法自性转故，当知惟说空性，名阿赖耶识。"月称论师即如是许。

（颇有自命善《唯识》者，由见《起信》说如来藏名阿赖耶，与《唯识》说不能相符，即便惊愕狂兴谤言，甚至说非印度人造，诚乃少见多怪之相。"无始时来界"颂，《摄大乘》中引证阿赖耶识。无著《宝性论释》中，引证如来藏。月称亦说彼二义同名异。《庄严经》《楞伽经》文如前引，皆与《唯识》所说不合，岂不谤为非无著造，非月称释，非佛说耶？故当了知，说如来藏与阿赖耶，名义虽别，然佛意趣同在空性。惟因对机有异，故佛说法亦殊，不应自恃辩聪妄集谤法之罪也。）

如是密意所依，虽是一义，然所化不同。其阿赖耶对说之机，是堪听说补特伽罗共无我义，及二取空法无我之器，不能通达一切人法皆无自性之机。《入中论》云："说有阿赖耶，有人惟有蕴，是对不能了，如斯甚深义。"以若安立阿赖耶识，定须宣说外境空故。《入中论释》如前引说不了义经后，又引云："大慧、空性、无生、不二、无自性相，皆悉遍入一切佛经。"是证判别初二自性有无自相，为不了义。《楞伽经》中乃至遍一切经如前说已，次云："任于何经，应当了知皆是此义。"

若尔，此宗如何安立三转法轮了不了义？答：初法轮中，诸说人法无自性者，是为了义。若惟破除异诸蕴相自立实体补特伽罗，而未破自相说人无我及说蕴等诸法有自相者，是不了义。此密意所依，谓名言有。其所为义，谓若宣说人法皆自相空，便生断见，为遮彼过，及由宣说粗分无我，渐修相续为令趣入微细无我，如言违难，谓破自相所有正理。

次第二法轮中，宣说人法皆胜义空或自相空，惟于世间名言而有。谓若有自相系缚解脱等皆不得成，然必须许系缚解脱等诸缘起法，故系缚等，皆自相空。是对能达，诸缘起义即性空义，大乘者说此乃究竟了义。《般若心经》等，虽于所破，未明显加胜义等名。然说："正随照见此诸五蕴皆自性空。"（奘师译文从略）于略标时说自相空，于广说中亦须例加，义已加讫。纵未加者，犹如《十万颂》中所加胜义简别，于其同类一切经中皆应例知，故义已加。譬如现代同一造者所造诸论，所诠若同，一处说已余未说处亦须例知。

故虽同是大乘种性，若于自相所空无自性中，不能安立系缚、解脱、业果等者。若如第二法轮而为说法，则当引生极大断见。为遮彼过，及由宣说粗法无我渐修相续，为令趣入最极微细法无我故。由初自性与余二性，在名言中，容有惟由假名安不安立之别，如瑜伽宗诸师所许。故密意说有无自相。如言违难，谓《中论》说，若诸人法是胜义无，全无正理能为违害。若胜义有，或有自相，则因果等一切建立，皆不得成。

如是安立了不了义之理，虽与《解深密经》所立不相符顺，然顺《三摩地王经》及《无尽慧经》。

《陀罗尼自在王请问经》中，以珠宝师三洗三拭渐次净治摩尼为喻，说："佛亦现知不清净有情界，先以无常、苦、及无我、不净、厌离之语，令诸乐著生死有情，起厌离心。安立正法毗奈耶中。次以空性无相无愿之语，而令了解佛语之理。其后更以不退转轮语及三轮清净语，令诸有情入佛境界。彼诸有情有种种因，种种自性，令其等入如来法性，是故说名无上福田。"此与三转法轮不同。此是于一补特伽罗次第引导先入小乘，次入大乘诸佛境界，后令成佛。三转法轮是依异体大小乘机而宣说故。《集经论》中亦引此经，证小乘人后入大乘而成正觉，成立究竟一乘义故。故初二次第，皆是引入小乘。初时之无我等同《四百论》于说空见之前，为净相续所说无常等四中之无我，谓于我所无自在我不退转者，是入彼已，不须更趣余乘之义。若惟识解是彼经义，中观师解与前不符亦是经义。则说法者自应相违，亦即破坏彼经之义。若尔，问云：任待何缘不开杀生，是否声闻教藏之义？若非彼义，大小乘藏杀生开遮应无差别。若是彼义，观待特缘杀生有开，亦是大乘教藏之义。则说法者自应相违，有何可答？若谓杀生待小乘机，终无开许。观待大乘少数特机，则有开许。是说者意，故无相违。大乘种性，暂非具说深义法器，待所化心是有自相，堪具了解深义法器，待所化心是无自相，何违之有。

如云："父母应杀害。"虽言所说非所诠义。其说法者，乐说之义，是以有爱为所诠义。此不同彼。以此说者，欲令此所化，于直说义而受持故。以此经中应有所诠，离如言义，亦无其余所诠可说，故如言义即是所诠。于如言义显示过难，成立此经非真了义，是此所许。故有二种：一是经所诠义，亦是说者意趣。二非说者意趣，而须立为经所诠义。

庚二　显彼不同《弥勒问品》

若《解深密经》三相建立，如瑜伽宗师所解，弥勒问品所说三相，是否亦如是许，若许则说《般若经》等是如言义不应道理，如《解深密经》。若不许者，则彼经云："弥勒！当知遍计执色，是名无体。诸分别色，当知有体，以诸分别是有体故，非自然生。诸法性色，当知非有体，非无体，是由胜义之所显故。”说依他起是有体性。又成立诸法从色至佛惟假名时，以“由名前觉无”等三理成立，亦与《解深密经》相同。

兹当解释。弥勒问云：“若有欲行般若波罗蜜多学菩萨行，于色乃至于佛，应如何学？”答云：“应如是学，彼皆惟名。”次又问云：“若缘色等诸名及所依之事，则不可说色等惟名。故色等惟名，云何应学。若无彼事，名亦不可说是惟名。”谓问若有实事，惟字则无所遮。若无实事，名则无依，故名亦无。答云：“说名为色，乃至名佛，皆是于事假立客名。”此说假名惟是客来，此中客者，是假造义，故遮自性。

若如惟识，此文非破色等实有，是破于色等假名自性上，色等实有。前说：“从色至佛皆惟假名。”所有密意，谓说色等假立自性惟是假名。非说假名所依色等惟是假名。若如是者，下文问云：“岂谓色等皆无相耶？”答云：“我不说尔。”问：“若尔云何？”答：“惟由世间名言为有，非胜义有。”此说从色乃至于佛，于胜义中一切俱无，于名言中一切俱有，则不应理。故有说云：此品显示般若前说，一切诸法于胜义无，于名言有，所有密意，解释般若为不了义，非如理说。故由假名安立诸法，谓由名言增上安立为有，是假造性。故无非由名言增上安立之有，为名所依，非说总无名所依事。故有彼事，与说惟由假名安立，义无相违。问：“若无色名，由见色事增上而不生心谓此是色，由名增上，则生是心，故说色是假立客名，云何应理？”谓色若由名言增上而立，则于未设彼名之时，亦有名言增上而立，理应起心念此是色。次返问弥勒云：“若不依名，岂于有事生心谓色？”白言：“不生。”告曰：“由此因缘，故说色等假立客名。”此显彼理，成立色等是由名言增上安立，非是成立彼相违品。如云：“若色等法由自相有，是则生心念彼名色，应不观待假名而生。”此如难云，苗有自相，应不待种。次说：“若于一事有多异名，及于多义同一名转。由此因缘，亦知色等假立客名。”亦说色等，若非名言增上所立客名，则彼诸名应由自相增上而转。若如是者，彼皆非理。用彼诸理成立，亦非必依《摄大乘论》而为成立。如《精研论》云：“彼亦非胜义有，见有非一能诠所诠，杂体过故，不定过故，故不得成。”此以三正理中，后二正理，破胜义有。次白云：“若如是者，说名为色乃至名佛，随取何事假立名言，色等自性岂非可得。”谓由说有名所依事，岂非色等有自体性。答云：“色等名言所设立义，为是色等所有自性，为惟假立。”白言：“惟是假立。”告曰：“若尔，前问是云何思？”此显虽无自相之体，然有名言所依之事，及说彼事惟假立名，亦无相违。次问：“若色等法惟是名言，色等自性岂非可得？”谓佛前说，若惟假立如何问云自性岂非可得？显相违过。答说：虽惟假立，然亦须许能立所立，如是须有色等自性，故无相违。答云：“惟假立名，为有生灭，及染净否？”白言：“非有。”告曰：“若尔，而问若惟假立，岂无自性？云何应理？”次问：“岂谓色等一切种无。”如前问答。谓于胜义破除自性生灭染净，于名言中说色等有，其假立名亦是名言，故此所说，云何能顺《解深密经》?无著兄弟不以此品解释般若为不了义，而以《解深密经》解释。其中道理，盖以此品亦说一切诸法于胜义无，惟名言有，故亦非堪如言取义，说依他起是有体性亦无违者，须先了知彼经所说三相之理。兹当略说，即彼经云："弥勒！若于彼彼诸行相事，依色、名、想、分别、言说、周遍计度为色自性，是名遍计执色，乃至是名遍计执佛法。"此明遍计执。言依者，谓缘假名所立色义。言计度为色自性者，非显由此计度（能遍计）。是显所计度自性为遍计执。

分别，亦如经云："彼行相事，惟有安住分别法性，依此分别而起言说。谓此是色，谓此是受，谓此是想，谓此诸行，谓此是识。乃至谓此是诸佛法。即此名、想、分别、言说，是名分别色，乃至是名分别佛法。"此明分别。言彼事者，是所诠事，依止分别起言说之理。谓此是色等。说如是名等为分别者，当知亦摄前之所诠，及能分别为分别法。是由此分别，及于此分别二种事故。

法性，亦如经云："由遍计所执色故，诸分别色，于常常时，于恒恒时，惟无自性，及法无我、真如、实际。是名法性色，乃至是名法性佛法。"此明法性。其分别色之无性，及法无我等，即法性色。其分别色，由遍计所执色，为无性、无我。其所无之我，或自性者，即遍计执。言常等者，谓于一切时此由彼空。此理同于《入中论释》。如云："谓如彼蛇于绳上无，是遍计执。于蛇上有，是圆成实。由彼于此非遍计故。如是自性于依他起缘起所作，是遍计执。以说自性非假造作，不待他故。于佛行境是真实性，非遍计故，由不触著所作性事纯证自性，故名为佛。当以此安立三性之理，解释经意。”故中观师安立三相当如《入中论释》所说《般若经》义。

其中分别，谓从色至佛缘起依他，是依最胜而说。若于色至佛增益自性，名遍计执。所益自性即是本性，或名自体。若依他起有彼自性，虽是遍计所执，然于诸佛如所有智境中有彼，即圆成实。若依他起于本性有，即遍计执。其遍计执空，即依他起所有本性。此于佛胜义智境中有。故同一本性。待事差别安立为二，谓遍计执及圆成实。

故于自相所立性中，俱无胜义世俗诸法。然于法性所立性中，无世俗法，有胜义谛。故有无自性应细分别。言不触著所作性事纯证自性者，是破现证胜义谛智前，有诸有法。此不相违如前已说。《入中论释》云：“离依他起外，别无能取所取。谓于依他起遍计二取，是应思惟。”义谓外境内识，全无有无之别，故能所取俱是依他起。由是因缘，彼二即是遍计所依。说于彼二遍计二取，不应道理。

故《弥勒问品》所说有无体性之体，非是余论所说实有假有之实体，亦非中观师说由自相有之实体，是惟俗有。由是因缘，说遍计执是无体者，意说依他起于本性非有，非说名言境等遍计非有。说分别有体者，经中自说，以诸分别是有体故，立为有体，非自然生立为有体。自然生者，即圣父子论中所说是有自相，故不同余经说依他起是有自相。言由分别是有体故立为有体者，义谓是由分别增上立为有故，乃立为有，非自相有。由诸分别增上所立，于名言中分辨有无之别，故亦不同由分别力立绳为蛇。

言诸法性俱非有体无体者，意说于前遍计执性中无，于破除彼为性中有。

由是因缘，当知《般若经》中，余品所说一切诸法皆惟假名，容误解处，即由此品辩论抉择，并辨三相有无之别，即是建树前说诸经诸有智者最易发生误解之处。谓《般若经》自亦如同《解深密经》，抉择三世一切诸佛同一妙道般若波罗蜜多经，是不了义，即《弥勒问品》。此品之义诸大中观师未见详解，故广抉择。

戊二　显示破胜义有以何正理而为上首分三

己初　明正理上首

己二　以彼破自相之理

己三　破已无性是否所立

今初

此宗破除诸法于胜义有，以何正理而为上首？如《入中论》云：“论中观择非贪诤，为解脱故说彼理。”谓《中论》中所说一切正理观择，皆是为令有情证得解脱。诸有情类，惟由执著人法二我，系缚生死。由缘何事而起我想？谓缘补特伽罗及彼相续之法，执彼二为二我，即是系缚之上首。其正理谓依何事破除我执，所依上首亦即彼二。故诸正理悉皆摄入破二我中。《入中论》所说抉择真实诸理。《释论》摄为抉择二无我时，说以破四生诸理，显法无我。又说《十地经》中，以十种平等性悟入六地，由以正理明一切法无生平等性故，其余法平等性皆易显了。是故论师密意先说："诸法不自生"等。故成立法无我之上首正理，即破四生之理。此如《入中论》云："诸法非无因，非自在等因，非自他俱生，故是依缘生。由法依缘生，分别莫能观，故此缘起理，断诸恶见网。"谓外法苗等、内法行等，由依种子及无明等因缘而生。故彼等生空无自相之体，及非从自他二俱无因而生，是以正理中王缘起正理，能断一切恶见网者，而破彼执。

破除人我上首正理。《入中论》云："彼于真实或世间，以七种相皆不成，然由世间无分别，依诸支分而假立。"谓如车与支，于一、异、二俱、能依、所依、积聚、聚形七相寻求皆不可得。然依自支立为假有，补特伽罗亦如是立。说此即是易得深见所有方便，故当了知此诸正理，即破人我上首之理。入中论云："七相所无云何有，此有观行无所得，由此亦易入真实，如彼所成此亦许。"谓先于补特伽罗，七相寻求而无所得，及依自蕴而假施设，此易了悟。故引导渐次亦应如是。此亦由依诸蕴假立，故于七相不能获得补特伽罗，即补特伽罗无我之义。仍以缘起之理而为究竟。

如是以缘生因及假立因，破法及补特伽罗，自生等四及自性一异等七，当知此即诸理上首。

己二 以彼破自相之理

若尔，以缘起因，虽于世俗亦破自相，是为此宗解释圣者意趣特法。彼中不共破理云何？此最切要兹当解说。《入中论》本说三种理，释说一理，共四理破。其中初理，圣根本智应是坏法之因，谓若诸法有自相之体。瑜伽行者，证一切法无自性时，彼智应有色受等可得，然不可得。故色等应无。若法先有后无，是为破坏，其能坏因应即彼智。然说彼智是能坏因，不应道理。故一切时不许自相生。《入中论》云："若法依自相，谤彼坏法故，空是坏法因，非理故无事。"若谓惟自相有，不须圣智可得，若胜义有乃须可得，然不许尔。说有自相惟名言故。此虽是根本救难，然不能救，于后理时兹当广说。又世俗谛应堪正理观察。谓若诸法有自相者，例如言生，观察施设名言假立义时，为此苗芽从异性种而生耶？从同性而生耶？以此观察应有可得。若不尔者，应惟名言增上假立，全无自性所成义故。若作如是寻求观察，其真实体惟无生灭，无余生等可得，故不应执诸世俗义，如是观察为有可得。《入中论》云："若观此诸法，离实无可得，故不应观察，世间名言谛。"此如前说，由齐几许观察，为观不观真实性理界有不同，故以此说观察之理纵堪观察，然不说为堪忍观察实不实有正理所观，故说无过。此是救难根本，与前救难同一关要。

其不能救难之理，如前数说，月称论师，即于此处，及余诸处，说世俗有，即是世间名言中有。世间名言所立人法，皆不观察名言之义为如何有，而便安立，故此逆品，观察而立即胜义有，故有自相，即应堪忍理智观察及证胜义智之所得。若谓非由无乱根识等显现增上之所安立，许法自性增上而有是胜义有，今许诸法非由自性增上而有，惟由无乱识显现增上而有，即是世间名言中有，非由名之名言增上安立。

若尔，经说："一切诸法，惟名、惟言、惟是假立"及说："惟由世间名言而有，非胜义有"皆成相违。若观名言假立之义为如何有而有可得，则其惟字为遮何事？云何可说惟由世间名言而有？又与世间所许名言假立之义，亦极相违。汝既不许其义，虽复说是"世间名言中有"，亦惟虚说而已。

寻求观察补特伽罗名言之义，不可以所得义而立为补特伽罗者，谓七相观察。观察生等诸法名言之义，不可以有所得义而立为生等法者，谓于名言亦破他生等理。应知余处已广抉择。

如云苗生，及云我见，如是人法名言，与云苗从异体种生，及云实体我见，是诸名言。若求名言为依何义，二俱无得，虽无差别，然于假立义，有无余量能为违难，则极不同。以前二事于名言有，其后二事名言亦无。

复须善判，理智违害与不堪观察所有差别，及理智不得其有与见为无，最大差别。此等俱如余处广说。

有未圆满如是审细判别观慧，以少似理破胜义有，以少乱识取世俗有，便想惟于彼前安立为有。谓世俗义，惟于乱识而为有故。若尔，从大自在及自性等生诸苦乐，与从黑白二业生诸苦乐，是则俱是非则俱非等无差别。以如前观察，其能观智后亦无得，若于乱识前亦有故。《入中论》云："此非我执依，不许世俗有。"又云："二无知扰乱，外道所计我，计幻阳焰等，世间亦非有。"此说自他诸部及外邪宗不共增益，并于幻事执为象马，及于阳燄执为水等，此诸境事于世俗无，应非道理。以诸乱觉应不如是执，及于乱识有即名言有故。又以诸理破自他生等于名言无，亦应不能破。

又不可说，彼诸错乱非从无始展转传来，庸常有情所有错乱，此不观察是由无始展转传来乱识，于此前有立世俗有，故无过失。若尔，则执前后为一所有常执，及执人法由自相生俱生我执，此所执境，于名言中亦应有故。

故名言有，若以理智观如何有而有所得，则成相违。然须理智所不违害，余名言量亦不能害，以名言有须量成故。

若如是者，说名言有惟是名言增上安立，则成相违。答云：无过。如云：补特伽罗是世俗有，惟由名言增上安立，"惟"字是遮补特伽罗不由名言增上安立，非遮补特伽罗是量所成，亦非显示凡由名言增上安立，一切皆是世俗有。

若尔，为遮何等非由名言增上立耶？谓补特伽罗名言立义，若自相有，则彼义是由自性有，非由能缘名言增上而有，即遮彼义。理智虽能遮如是义，然云："祠授所见。"若无此名言义，则被名言量所违害，故能成立为有。义与名言二者之中，若非由义自性而有，必然即成惟由名言增上而有。故若观察真胜义谛是如何有，亦惟如是。故说彼有，亦由名言增上而立，然非是说，以名言量立胜义谛。说于名言识前，立有胜义谛者，亦因理智行相不执胜义为有，非说以彼成立。佛护亦说，佛依名言增上，说有生等及说生等惟是言说。

诸自续师说：立名言有诸无乱识，是于现境，或所著境有自相义为无错乱。此宗则许，虽于现境错乱，亦有众多能立境者。故此二宗，说无乱识有无之乱，亦大差殊。即于如是名言增上之有，说名假有。非是彼法，实非彼事假立为彼，说名假有。故于此宗，佛及有情、系缚、解脱等，一切应理。而于他宗皆不得成。

此二论师之所解释，即圣父子究竟意趣。若于此中，无处可立诸建立者，是太串习凡有实在因果等法，便执一切皆有自相所致。尚未能解缘起之义，即性空义，故当了知，是住此宗最大歧途。

又应不能破胜义生谓许诸法于名言中由自相有，若以观察自他生理而不能破，则以如是观察破胜义有，亦应不能破。然彼非理。故于名言能破自相。由自相有即胜义有，故破胜义生之理，亦能于名言破自相有，故自相生二谛俱无。《入中论》云："于真性时由何理，破自他生皆非理，彼理亦于名言破，故汝许生由何有？"

经说诸法皆自性空应非正理，显示初理之《释论》中，引《迦叶问品》成自相空云："复次迦叶，正观诸法之中道，非由空性令诸法空，是诸法自空。如是非由无相、无愿、无作、无生、无起，而令诸法无相，乃至无起。是诸法自无相，乃至诸法自无起。"亦说此文，显惟识空不应道理。谓若诸法有自相体，则彼诸法非是自空，经说“诸法自空”不应道理。若非就自体破除自性，应由余法空故，显示为空。经说：“非由空性令诸法空”则成相违。总之彼非由自性空自空之义。

故若不许诸法由自相空，纵名自空，然实未脱他空。惟识诸师，明依他起，无有异体能所取时，亦非是用无自性义破依他起。

如所依事无所破体，及彼所依由所破空，二家相同。然说诸法由自相空，即是自体空义，其余之空，非自体空。其中因相，谓若以量成立前空，乃至未失功力之时，其由宗派增益妄执彼事实有，及执实义，定不得生。若以正量成立后义，功力未失，然起宗派增益实有及执实义，而无相违。

己三　破已无性是否所立

若尔，于补特伽罗及法，为惟以因破除自性别无所立，为亦以因立无性耶？答：此须先知二种破相，故当释彼。所言破者，谓言说时，由言所诠，遮遣所破，而能通达。或于心中现彼相时，须现遮遣所破为相，乃能通达。初如无我，次如法性。此虽于言诠，未遮所破，然现彼义时，须现遮遣戏论为相。

如是，由遮所破乃证之义，总有二种。一者非遮，谓正遮所破，别引余法。《分别炽然论》云：“言非遮者，谓由破除此法自性，离此法外成立其余诸法自性。如遮云此非婆罗门，是离如此婆罗门外成立为余，非婆罗门无诸胜行，缺少闻等首陀种姓。”二者无遮，谓正遮所破，不引余法。《分别炽然论》云：“言无遮者，谓惟破除此法自性，不别成立此外余法。如云：“婆罗门不应饮酒，惟遮彼事，不更诠说离彼所余，可不可饮。”此成不成，与引不引同。离彼所余者，谓非惟遮遣所破，非惟言词遮遣云非云无，即彼二之差别。如云：“非从自生。”清辨月称，俱说是无遮故。云：“无量寿”，仍是非遮故，故言遮者，由一切法皆遮非自故，非惟法遮自所破便为满足。要须言诠能遮所破，及于能证心中现其遮遣所破为相。

有说，如云：“无我”是为无遮。若云：“补特伽罗无我”有所成事则非无遮。余说，有所破事引余法故，非是无遮，俱不应理。二遮之别惟应如前，余论亦说。如云：“婆罗门不饮酒”，虽有所成之事，然仍安住无遮相故。如婆罗门是遮所破已，辨引不引余法所依，非即所引诸余法故。

故引余法其有四种，一势引、二直引、三俱引、四时引。如《般若灯论释》引文云：“其遮由义显，一言而成立，彼俱不自显，非遮余是余。”

由义显者，如云：“祠授肥胖昼日不食”，一言成立余法者，如云：“有不自生。”遮遣所破及引余法一言而诠。彼俱者，谓于一言，若直若势俱引余法。如云：“有胖祠授昼日不食而不羸瘦。”不以自语显者，如于一人，知是刹帝利种及婆罗门种，然未定其差别之时，云：“此非婆罗门。”四种牵引，随有其一，即是非遮。除此所余，俱不牵引彼四相者，离非遮外是余无遮。

有先觉说，中观诸师，有破自性因及比量，而无成立无自性因及比量，不应道理。其无所立之正因及无所量之比量，定非有故。

有余师说，中观自续，有立无我因及比量，应成派无。《明显句论》云："我等非是成立此无，若尔，云何？此惟破他遍计有性。如是我等非立此有。若尔，云何？此惟遣他遍计无性。由遣二边立中道故。"应成诸师，惟破他宗为所须要。《入中论》亦云："遮遣诸分别，智说观行果。"故惟破他宗，非立无性。

惟遮所破为所须要，非应成派所有特法。《分别炽然论》亦云："惟破地等，于胜义中非大种性。非成余性，及无事性。"故破诸法有自相时，云惟遮所破，及云惟为除他邪执。"惟"字是遣他疑，正理境中非惟破所破更引余法以为非遮，而显是无遮。以彼惟是遮自所破不成余法，前已释故。如云："海中无烟"，虽是惟遮海中有烟而不更引余法，然由彼语，非不显示海中无烟。彼随行觉，非不决定海中无烟。如是说云："苗无自性"，虽是惟遮苗有自性，然彼言，觉，能诠，能定苗无自性，何违之有？故以言遮海中烟已即诠无烟，其觉亦遮烟已，即决定无烟。以遮所破及表其破。若无此一，彼亦无故。如是宣说无性诸教，由破自性即诠无性。破除自性之理智，由破自性即知无性。破除自性之因，由破自性即立无性，皆当受许。不应说言，教无所诠，知无所知，因无所立。故说正理，惟破自性，不立无性，俱非中观，因明之理。

前云："地于胜义，非大种性。"是说惟于胜义破大种性，义谓无遮即是所立。又云："非成无事性"者，非说不成胜义大种无事，义谓不成，离破之外，无事自性。若问离遮所破立不立余，容可应理。若许遮遣所破，而观其破，是否正因及言觉境，云何应理。

若以正因遮自性有，即以彼因立无自性。圣者说云："此破除有性，非即执无性，如云此非黑，未说此是白。"复云何释？答：譬如惟欲显说无黑，云此非黑，是惟遮黑，非离彼外显是余白。如是说苗胜义无性，亦惟成立，遮胜义有性，非离彼外更别成立有余无实。《般若灯论》及《疏》亦说："非遮"，非是所立，无遮乃是。即由彼喻亦可了知。如云，非黑，未说不显非黑，而说不显是白故。观音禁说，《观世间品》有此教文。

生此疑难之理，谓苗若有，胜义无生，则须以理智成立。成立苗无胜义生时，其无胜义生之有，应是所立。由以比量成立彼故，故生彼疑。此无自性虽然是有，而非理智成立。《中论释》中兹当广说。若知所立是其无遮，即能了解，惟立遮胜义生，非立有余胜义无生。故《明显句论》说："破他计有，非成其无。"破计无性者，谓如破云，胜义无生，无可执实。非成有性者，谓非成立有胜义生。故苗芽实有，与无实实有，二俱可破。非遮其一，而表余一。然苗芽实有，与彼无实，则遮其一须表余一，非俱可破。如《回诤论》云："若以无自性，即遮无自性，遮无自性已，即成有自性。"此显然说，若以无自性语破诸法无性，则彼诸法应有自性。胜义有无，亦与彼同，不可俱破。然胜义有与胜义无是胜义有，则俱可破。诸实事师许，若所破无实其破则实，若破无实，所破则实，故彼不能俱破实有。中观诸师，则以教理，善立无缘远离二边甚深中道真实了义，而令如来圣教心藏，遍扬十方。

今当问云：若二大车，以二种理，分辨佛语了不了义。诸叡智王别别解释彼二意趣，复有多门。其释彼二造论论师汝随谁行，为许何家所立了义最为究竟，愿当宣说。我作是答。

此诸瞻部智者严，一切善说皆尊敬；

然世出世缘起因，摧坏一切相执境。

从月放出善说光，启发慧眼拘母陀；

观见佛护所示道，谁不善持龙猛宗！

如上所说二大车轨，分辨佛语了不了义，抉择真实，此于波罗密多乘，处处广说。即释密教诸大论师及成就者，亦皆随顺彼二随一抉择真实，更无第三。故当了知，此是抉择一切经咒真实义道。故若不依二大车轨欲求真实义者，如同生盲无牵导者而往险处。若虽欲依，而未久习此等诸论，尤其未知此诸正理微细关要，仅凭经中少数分辨了不了义之文，惟以教言为归宿者，虽亦演唱真实义语，然亦惟有虚言而已。若见众多真义概要犹不满足，复善串习诸大论师，启发观照佛经眼目所立诸理粗细关要，发勤精进抉择经中广大甚深、最甚深处犹如流水。随自所知即能实行，愿令佛教久住于世，为利此诸具观慧者，故我唱此善说心藏。

佛意甚深甚深经，受持彼教教心要；
能仁妙宗二胜宗，于彼多论修多闻。
成就观慧观其义，如理思惟微妙理；
咸称妙音名称鬘，周遍一切遍主足。
(此颂原文四句每句十五字衔二重字故分八句译之)
我由猛利无间信，心中莲蕊般重依；
故见经中真实义，如理唱此希有语。
善说宝藏佛经义，龙猛无著大车王；
如彼解为二车轨，除此岂有如是释！
虽已久修广大行，善巧明处诸佛子；
犹难达此深广处，如实得已如理习。
定慧尸罗咸清净，最大欢喜遍满心；
有时于佛增信乐，有时感念大车恩。
余时敬仰善知识，于苦众生起悲愍；
欲令法宝久住世，此等如赛互相增。
其久失没难达处，由何理路而寻得？
此理变化甚希有，虽自独处亦笑谈。
佛说法月于是人，以称誉鬘数数赞；
谓此胜慧修静虑，安住清净尸罗顶。
绍隆佛种获了义，谁欲得佛如是誉？
具慧当学此论释，以正理路净慧眼。
励力辨此二车轨，我今所集诸福善；
愿如龙猛及无著，恒持一切佛正法。

由是令佛生欢喜，如同聪慧诸佛子；

普贤妙音所修行，我亦遍行广大行！

今此分别龙猛菩萨无自性宗、无著大师唯惟识相宗二大车轨，显了辨析经中了不了义，名曰善说心藏。释迦苾刍多闻演理东宗喀巴善慧名称吉祥造，持律沙门福慧书。

一九三六年佛成道日　译在西藏拉萨多门新第三楼丈室